En hommage de
l'auteur

Petits silences,
petits mensonges

Dana Castro

Dana Castro

Petits silences, petits mensonges

Le jardin secret de l'enfant

Albin Michel

Collection « Questions de parents »
dirigée par Mahaut-Mathilde Nobécourt

Introduction

Lorsque nous nous sentons mis en question par des réactions désagréables de nos enfants, nous nous interrogeons en fait sur notre aptitude à communiquer juste avec eux, à être de bons parents. Comme si telle était la définition du « bon parent ».

Nous tâchons de faire de notre mieux, et en premier lieu de garder le contact, envers et contre tout. Mais comment ? En disant tout au nom de la déesse Transparence et de ses prêtresses Sincérité et Franchise ? A priori oui, ou plutôt oui, mais.

Chacun sait que tout n'est pas bon à dire, directement, brutalement. Tout dire, c'est créer des malentendus et des problèmes qui, la plupart du temps, mènent droit à... de pesants silences. Croire que « chez nous, on se dit tout », avec pour argument la confiance, est complètement illusoire. Jamais on ne se dit tout, et jamais on ne peut tout dire à un proche. Quand bien même on le pourrait, serait-ce souhaitable ? Rien n'est moins sûr.

Car, paradoxalement, c'est la notion de secret qui est au cœur de la question de la communication parents-enfants. Cette notion repose sur une conception humaniste de l'enfant, personne à part entière, singulière et vraie, qui va interagir avec ses parents. Autant de personnalités, ayant chacune sa propre histoire, qui doivent s'ajuster les unes aux autres, dans des situations plus ou moins heureuses, et qui rencontrent des échos différents chez chacun. Adultes comme enfants, nous avons des secrets, petits et grands, qui nous guident, nous freinent, nous occupent ou nous enchantent. Nos secrets nous structurent et charpentent notre style de communication. Nous avons besoin de nos secrets. Ils n'appartiennent qu'à nous.

Né de la nécessité d'analyser l'importance du petit secret quotidien, et ses liens avec la vie de famille, cet ouvrage a abouti à une réflexion sur la communication entre parents et enfants. Il a été réalisé avec l'aide de nombreux parents, investis dans leur tâche, et de leurs enfants, curieux et amusés par ce travail d'écriture. Qu'ils soient tous, ici, chaleureusement remerciés.

Je soulignerai d'abord l'importance de ce jardin secret dans le développement social et affectif de l'enfant. La faculté de taire agit comme une alliée dans la construction de soi (en facilitant la prise de recul et la compréhension des émotions et des pensées) et dans l'établissement de la confiance et de la sécurité relationnelle (en permettant l'expression de ce qui doit être exprimé). Une autre facette du secret est celle, inévitable mais redoutée, du mensonge. J'analyserai son expression à des âges différents et son rôle dans l'évolution psychologique de l'enfant. J'interrogerai aussi les contenus du secret, notamment ceux, considérables, liés aux amitiés et aux amours de nos enfants, à différents stades de leur vie. Chemin faisant, nous tenterons de répondre à la question initiale, qui agite en permanence les parents que nous sommes : comment communiquer avec justesse ? Que faire de tous ces secrets ? Je décrirai les comportements qui freinent l'échange et favorisent l'émergence du secret dans les cas où, précisément, il faudrait parler, tout en rappelant les valeurs et les mots magiques qui peuvent déverrouiller les portes du silence.

1

Quels secrets ?

« À quoi penses-tu ?

– À rien.

– Et qu'est-ce, le rien ?

– Ben… rien ! »

Est-il possible de ne penser à rien ? Pas vraiment. Nous avons toujours en tête une image, une pensée, un mot, une odeur, un souci ou un souvenir. Une vitrine nous rappelle une expérience, la vue d'une scène anodine nous transporte dans notre passé. Au quotidien, nous évoluons dans un monde vivant rempli d'une multitude de stimulations inattendues. Et nous avons tous des secrets ! En le sachant ou en l'ignorant, nous vivons avec, respirons avec, jouons avec, tous les jours de notre vie. C'est une certitude ! Chacun d'entre nous en a, même si leur contenu précis demeure parfois inconnu, énigmatique. On ne peut vivre sans secrets. Ils sont toujours là, présences invisibles, compagnons d'une vie. Nous entretenons une relation intense avec nos secrets : ils nous tracassent ou nous excitent, nous obligent à la vigilance ou à la confidence, à la dissimulation ou au partage. Nos secrets n'altèrent nullement notre qualité de vie, au contraire, ils peuvent y contribuer, voire la sauvegarder. Et c'est pourquoi, nous avons tout à gagner à les cultiver.

« Secret : ce qui doit être caché », définit succinctement le Littré. Mais pourquoi ? Pour qui ? Comment ? Est-ce bien ? Est-ce mal ? Comment faire bon usage du secret dans notre vie quotidienne ? À quoi nous servent tous nos petits secrets ?

Les secrets nous permettent de nous construire, de nous connaître et de nous développer. Ils signent la naissance de notre subjectivité, de ce qui est personnel et unique, en nous. À la source du sentiment d'être soi, ils nous incitent à explorer ce que nous sommes. Ils façonnent notre monde intérieur et notre identité en nous aidant à la retravailler périodiquement. Ils favorisent la liberté de pensée et, de cette façon, enrichissent notre personnalité. Ils nous préservent de la honte et de la culpabilité vis-à-vis d'autrui et participent à l'entretien de notre équilibre psychologique et de notre estime de soi.

En outre, telles des murailles entourant notre monde intérieur, nos petits secrets nous protègent des intrusions intempestives de nos semblables. Tout au long de notre vie, ils façonnent nos relations et nos échanges, devenant, peu à peu, le socle de l'amitié et de nos alliances sociales. Ils nous permettent de nous épanouir dans le privilège de l'échange de confidences et de la confiance mutuelle. Ils recèlent notre intimité et nos sentiments les plus troublants. Ils nous rapprochent de ceux qu'on aime et nous engagent au partage privé, à la création d'un moi commun avec ces autres que nous avons choisis.

Nos enfants ont aussi des secrets. Des gros et des petits, importants et insignifiants, vrais ou faux, et vis-à-vis de tous, parents inclus. Que cela nous plaise ou non, nous inquiète ou non, nous devons accepter cette idée, car le secret constitue un aspect important du développement humain et une partie intégrante de la vie de chacun. Il faut le savoir pour être mieux attentif à nos enfants, mieux intervenir en tant qu'adultes, nous préparer à l'imprévu, et mieux les épauler en cas de besoin.

De l'imagination au secret

Léa et Léo, en CE2, jouent à Loup Gris. Ils prononcent des sortilèges incompréhensibles – « Bianna », « minado », « vongolo » –, rampent pour passer inaperçus sous des troncs d'arbres foudroyés par de terribles orages, tombent à la renverse dans les pièges d'une forêt hantée pour arriver à sauver Loup Gris, bon prince, fort et juste, transformé en loup par une vilaine sorcière qu'il ne voulait absolument pas épouser. En réalité, Loup Gris est un ourson en peluche, qui trône au fond d'un couloir, dans la maison de Léa.

Loup Gris est le produit de l'invention de ces deux compères justiciers à l'imagination débordante. Il s'agit bien là d'imagination, à savoir la capacité individuelle à créer un monde personnel intérieur à partir des éléments de la réalité objective. L'observation du jeu de nos enfants en est la meilleure illustration. La richesse de leurs ressorts imaginatifs est fascinante.

Supposons maintenant que jouer à Loup Gris prenne une tout autre signification pour nos deux complices. Qu'il s'agisse d'une histoire d'amour. Que l'objectif final du jeu soit que Loup Gris (incarné à la fin de l'histoire par Léo) reprenne sa forme humaine pour pouvoir épouser sa princesse bien-aimée, Léa. Que le jeu doive se terminer par une promesse, en se tenant la main, et par un bisou furtif, déposé par les amoureux sur leurs joues. On conçoit la dimension intime et personnelle du jeu pour ces deux enfants ; pour la préserver, ils éviteraient soigneusement d'y jouer en présence des adultes, chercheraient des lieux tranquilles, comme des granges, des caves, des chambres, des jardins. Dans ce cas, il s'agirait d'un secret, lié à la capacité et au droit individuels de garder confidentiels, non dévoilés, non avoués, des éléments choisis de la réalité objective ou subjective. Le secret n'implique pas la même démarche psychique que l'imagination.

Tout petits, nos enfants passent beaucoup de temps dans un monde imaginaire. Ils y vivent intensément les péripéties de leurs héros préférés, des tortues Ninja à la princesse Mononoké. Des amis imaginaires viennent leur rendre visite ; Michka, l'ours en peluche, raconte qu'il est très fatigué à la sortie de l'école et qu'il adorerait déguster une bonne glace… On voit l'importance psychologique de ce jouet, qui est le messager des souhaits de l'enfant. Les enfants racontent facilement ce qui est imaginaire mais difficilement ce qui est secret, car cela se réfère à des préoccupations profondes en lien avec l'intimité, les pensées privées ou certaines de leurs conduites.

La conscience du secret

La notion de secret apparaît vers l'âge de 4 ans. Jusqu'alors, ils croient fermement que leurs parents ont les mêmes pensées, idées, rêves, besoins ou souhaits qu'eux. Mais, à 4 ans, les enfants font la distinction entre leur environnement et eux-mêmes et réalisent qu'ils sont différents les uns des autres. Ils commencent à découvrir leur identité. Un garçon comprend qu'il n'est pas une fille, même s'il reste ce qu'il était jusqu'alors : un enfant. Lucie aime toucher son doudou, d'une façon très différente de Lili, mais elle conçoit que le doudou est très important pour tout le monde. Lili pleure quand sa maman s'en va, d'une tout autre manière que Sarah, et saisit que le chagrin ou l'inquiétude peuvent prendre des formes diverses ; Sarah aime les petits Lu à la framboise, alors que Nora aime les petits Lu au chocolat : elle découvre ainsi la singularité des goûts et les effets de la gourmandise.

Autour de 4 ans, avec le développement de la pensée et l'agencement identitaire, les frontières entre le monde intérieur et le monde extérieur, le soi et les autres, se construisent progressivement, et les enfants réalisent qu'ils peuvent cacher ce qu'ils pensent et ce qu'ils font. Ils découvrent ainsi ce qu'est le secret : un acte volontaire de dissimulation. Ils commencent à avoir les leurs. Mais à 4 ans, l'enfant ne choisit pas délibérément de garder ses secrets. Il croit encore que son apparence physique peut le trahir.

À 6 ans, ils comprennent qu'il est dangereux de confier un secret à un inconnu.

Jusque vers 8 ans, les enfants pensent qu'ils doivent tout nous raconter, parce que nous, les parents, commandons, et surtout savons ce qu'il convient de faire en toute situation. Ils nous adressent le message suivant : « Je vous raconte tout, parce que vous me connaissez bien et vous savez ce qui est bon pour moi. »

Le secret est un droit

Au cours de cette période de développement, les enfants se rendent compte de leur capacité à avoir des secrets, mais ne conçoivent pas que c'est un *droit fondamental*. Ils ne perçoivent pas qu'il est nécessaire de garder pour soi certaines actions, pensées, conduites ou certains sentiments pour avancer sereinement dans sa vie.

Les psychologues s'accordent à dire que le droit au secret est essentiel à l'équilibre psychique de l'enfant. Car de deux choses l'une : soit nos enfants révèlent toujours tout, et vivent dans un sentiment de transparence et d'inconsistance identitaire : « On sait tout sur moi, je ne suis personne puisqu'on devine mes moindres réactions. » Soit ils taisent tout et sont ravagés de sentiments de honte et/ou de culpabilité : « Je ne peux rien dire, car tout est interdit. »

La différence entre ami et meilleur ami apparaît dès 7 ans. L'intimité et la confidentialité prennent le dessus. Leur position vis-à-vis de nous est la suivante : mieux vaut parler aux parents, mais ce n'est pas obligatoire ; on peut leur raconter certaines choses, mais pas tout. Et il est plus facile de se confier à une amie ou à un ami. Les enfants commencent à choisir de se dévoiler, ou non, dans quelles situations, et à comprendre auprès de qui cela leur fait du bien. Les parents changent de statut et ne sont plus leurs interlocuteurs privilégiés. C'est parfois difficile à accepter : intellectuellement nous comprenons les impératifs de l'évolution, moralement nous accordons à nos enfants le droit au secret, mais affectivement nous souffrons de cet éloignement et peut-être, inconsciemment, de la perte progressive de notre toute-puissance ! Mais que pouvons-nous y faire ? En restant nous-mêmes, observateurs attentifs et dévoués, éloignés mais potentiellement proches, nous œuvrons dans l'intérêt de nos petits, impatients et curieux de ce que devenir grand veut dire.

8 ans est une période charnière pour maints domaines du développement psychologique. C'est l'âge de l'autonomie intellectuelle. Celui de la coopération, des rapports d'amitié fondés sur l'échange des confidences et la révélation des sentiments intimes.

Avec l'arrivée de l'adolescence, le secret devient pour certains enfants un mode de vie. Les jeunes changent leur style de vie et, souvent, de style, tout court. Avec les manifestations de rébellion bien connues à cet âge. Mais la révolte s'accompagne de prises de risques qui impliquent le secret. Ainsi, nos ados commencent à réaliser qu'ils détiennent un savoir auquel nous n'avons pas accès. Le message qu'ils nous adressent s'inverse complètement. Direct et cinglant : « Vous ne me connaissez pas du tout et il n'est pas question que vous me connaissiez. » Il passe mal auprès des parents car ce qu'il véhicule paraît inacceptable : fin de la communication, rejet du passé commun, mystère et donc inquiétude sur les actions futures, porte ouverte à toutes sortes de scénarios-catastrophes.

Pour calmer nos inquiétudes et réagir, heureusement, nous avons recours à nos propres secrets, à nos souvenirs d'adolescence, de rébellion, de prise de risques, d'aventures que nous n'aurions avoués à aucun adulte ayant le titre de parent. Afin de sauvegarder le lien qui nous unit et au nom de notre passé ensemble, il nous faut commencer par veiller à contenir notre colère, notre révolte contre nos ados rebelles. Ensuite, dans nos discussions avec eux, éviter soigneusement de leur montrer que, pour être nous-mêmes passés par là, nous connaissons leur fonctionnement, car ils détestent penser que nous savons. Ils ont besoin d'inaugurer, de se croire les premiers à qui cela arrive. Notre expérience est pour nous un repère uniquement intérieur grâce auquel nous trouvons comment réagir en fonction de leurs humeurs et les aider, souvent malgré eux, à leur demande parfois.

Surtout, gardons-nous d'essayer de percer leurs secrets. Ils ont à vivre leurs expériences, à prendre leurs décisions dont ils doivent assumer les conséquences. Laissons-les grandir, quitter le nid douillet de leur enfance en restant en observateurs, au deuxième plan. Et acceptons qu'ils aient des conflits intérieurs et qu'ils se battent pour gagner la liberté de l'autonomie.

À chaque âge ses secrets

Petit, l'enfant a tendance à garder le secret sur certaines possessions : un bonbon, une peluche, un scoubidou, un coin de sa chambre qui a une signification particulière, etc. Il s'agit parfois d'une information, par exemple la surprise destinée à maman.

En grandissant, le contenu du secret change avec le développement émotionnel et relationnel de l'enfant. Il dissimule la honte ou la joie que suscitent ses relations avec l'autre sexe ou une grande amitié. Les parents assistent à la « secrétisation » de la vie de leurs enfants qui, du fait du regard de l'autre, du monde matériel de la possession, s'étend à celui psychologique de la relation à l'autre et à la sensibilité aux pressions sociales.

Le droit au secret est universel. Tout être peut en bénéficier à tout moment et dans tous les domaines de sa vie. Mais le dépositaire du secret a, de son côté, des devoirs à commencer par celui de tenir sa langue. Comme on l'explique à un enfant de 7 ans : il faut garder le secret confié, parce que ça nous donne de la confiance.

Le droit au secret contribue à la construction identitaire. Chaque enfant découvre sa singularité et son identité qui, on l'a vu, va de pair avec le secret. Les enfants comprennent très vite que s'ils empilent leurs petits secrets, leurs parents en font autant. Et ils nous font savoir qu'ils ont compris que nous avons aussi une vie très personnelle par des questions ou des affirmations surprenantes : « Maman, combien d'amoureux tu as eus avant papa ? » « Papa, à quel âge tu es sorti avec une fille ? » « Maman, cache tes cigarettes, papa arrive ! » « Papa, réponds vite au téléphone, c'est la dame qui n'a pas de nom ! », etc. Quand cela arrive, expliquons ce que nous estimons pouvoir expliquer et, pour le reste, remettons à plus tard, lors d'une autre étape de leur développement. Mais en aucun cas ne nions les faits, sous peine de perdre toute notre crédibilité et notre aura de grandes personnes.

Il y a *des* secrets : des gros, des petits, des pesants, des légers, des conscients, des inconscients, des rassurants, des hasardeux, des plaisants, des angoissants... Leur classement est subjectif et personnel. Il dépend de leur contenu, de leurs conséquences et de leur déguisement dans notre subconscient.

Les secrets qui font du bien

Adultes et enfants, nous avons tous, à différents moments de notre vie, eu un ou des secrets.

Imaginez une dispute matinale avec votre compagnon, qui part en claquant la porte. Vous voilà seule, en colère, blessée. Mais très vite une voix intérieure chaleureuse vous chuchote et un dialogue s'engage :
– Tu ne vas quand même pas gâcher ta journée pour ça !
– C'est sûr, mais comment faire pour ne plus lui en vouloir? Comment calmer cette colère et le sentiment d'injustice qui va avec ?
– Ah ! Parce que pour passer à autre chose tu as besoin de ne plus lui en vouloir ?
– Oui. sinon je vais m'énerver toute la journée, à comptabiliser nos disputes, mes mérites et ses défauts !
– Tu vois bien que s'il réagit de la sorte, en fuyant la discussion, c'est parce qu'il ne sait pas comment faire autrement...
– Et donc ?
– S'il ne sait pas comment faire autrement, c'est parce qu'il a été élevé comme un prince, comme la septième merveille du monde...
– Et donc ?

– Donc, ses parents l'ont mis sur un piédestal et toi, tu lui demandes d'en descendre !
– Et donc ?
– S'il ne sait pas faire autrement, c'est qu'on ne le lui a jamais appris !
– Sa mère n'a jamais essayé de le responsabiliser, elle l'a toujours couvé. Elle aimerait bien l'avoir pour elle toute seule et, même maintenant, lui commander, lui parler tous les jours...
À ce stade, le voilà dédouané de ses fautes, qui se reportent sur la belle-mère ! Plus vous l'accablez, plus vous adorez votre compagnon, ce fils dont elle a tellement modifié le caractère et qui heureusement, grâce à vous, va enfin pouvoir devenir lui-même ! En reportant momentanément et secrètement, sans aucune conséquence, vos émotions négatives sur un autre support, vous avez pu évacuer votre ressentiment. La journée se déroule comme à l'habitude, sereine.
Lui, pendant ce temps, ronchonne de son côté. Il est parti de la maison pour éviter l'escalade aboutissant à une impasse, énervé et dépassé par les événements. « C'est toujours pareil avec elle, se dit-il, c'est quand elle veut et comme elle veut, elle ! Elle est égoïste, rigide, maniaque, autoritaire, méprisante, méchante... »
Mais une discrète voix intérieure se fait entendre :
– Est-ce là la femme avec laquelle tu voulais vivre toute ta vie ?
– Non ! répond-il, sur la défensive.
– Alors comment se fait-il que tu la voies, aujourd'hui, de façon si négative ?
– Je la charge peut-être un peu parce que je suis énervé...
– Tu la charges beaucoup ! Et vu ta véhémence, ça devient presque louche !
– Je ne sais pas !
– Ça frise la défense agressive, qui naît toujours de la culpabilité ! Tu n'as pas un petit quelque chose à te reprocher ?
– Non !
– Un tout petit quelque chose ?
– Je n'ai rien fait de mal !
– C'est sûr, tu n'as rien fait de mal, mais alors qu'as-tu fait ?

– J'ai peut-être exagéré un peu, parfois, en racontant des bobards…
– Des bobards ?!
– Je disais que j'avais du travail, des réunions, pour ne pas aller chercher les enfants à l'école, pour éviter l'agitation, les épreuves de force, les négociations à n'en plus finir ! C'est vrai que je reste assez souvent tard au travail pour rater l'heure du coucher, rentrer tranquille et me détendre un peu !
– … Et elle ?
– Elle assure, elle ne râle pas, elle y va. Elle est désolée pour moi, elle me dit, émue et souriante, que je manque des petits moments de bonheur…
– Donc elle ne râle pas, elle assure, elle te ménage, elle est proche de toi, elle est naturelle, elle a le sourire. Et toi tu mens !
– J'ai toujours peur qu'elle découvre mon secret, alors, c'est vrai, je suis sur la défensive. Ça ne se fait pas ce que je fais, mais ça me ressource pour les week-ends ! Les week-ends, je ne rechigne pas, je suis au charbon, et avec le sourire ! C'est vrai aussi qu'elle a le droit de s'énerver un peu, de temps en temps, avec tout ce qu'elle a à gérer ! En fait, je suis prêt à aller vers elle, à lui rendre service, elle le mérite sincèrement, je l'aime. J'ai plus de temps pour moi, je suis moins bousculé qu'elle par tous les aspects du quotidien…

On observe qu'évoquer le secret fait sérieusement diminuer la culpabilité et le ressentiment ainsi que, du même coup, l'agressivité et le dépit. Lui réalise qu'il détient un secret qui lui fait du bien et ainsi sa conscience est plus légère. Il remet sa compagne à sa juste place et est prêt à négocier pour trouver le meilleur compromis pour chacun. Tout en se promettant d'être attentif et tendre, il décide de garder pour lui ses petits secrets et son gros mensonge qui ne font de mal à personne.

Ce dialogue intérieur est un secret à soi, rien qu'à soi. Ressource et refuge, il a permis à chacun de retrouver ses forces et sa capacité à faire la part des choses, d'éviter l'escalade vers des pensées aussi nocives que : « Depuis qu'on est une famille, rien ne va plus. Il faut se séparer. » En somme, ce secret qui fait beaucoup de bien est à utiliser sans modération dans des situations similaires, à condition de ne jamais le révéler aux intéressés. La discussion franche entre soi et soi, dans son for intérieur, permet ce qu'on appelle un « retour d'expérience » pratiqué, sans être culpabilisé par qui que ce soit, pour analyser les facteurs qui ont joué favorablement dans l'évolution d'une situation.

Il en va de même chez les enfants.

Nana, 5 ans, joue avec son baigneur, pendant que sa maman s'occupe de son petit frère de 6 mois et que j'observe la scène. Elle gronde sa poupée, qu'elle appelle « petit bébé cochonnerie ». Elle veut la faire marcher et la frappe parce qu'elle n'y arrive pas. Tout en la manipulant, Nana formule tout haut ce qui se passe dans sa tête :

– Moi, je n'aime pas que maman s'occupe du bébé. Quand elle le fait, je dis dans ma tête : « Maman, tu es méchante, Maman tu n'es pas belle, Maman tu n'es pas ma maman ! »

Je demande à Nana :

– En voilà des pensées ! Tu les dis aussi à ta maman ?

– Non, non ! répond-elle. Je ne les dis pas à maman, elle ne serait pas contente du tout ! C'est mon secret, à moi et à Pilou (son doudou).

La maman de Nana revient alors vers sa fille :

– Bon, ton frère dort. À quoi va-t-on jouer, maintenant, toutes les deux ?

Nana se jette au cou de sa mère puis s'installe sur ses genoux, en calant bien son dos contre sa poitrine. Elle me regarde avec un peu d'inquiétude : vais-je raconter à maman ? Rassurée par mon petit signe de tête, elle enchaîne avec conviction : « Tu es la plus belle. Maman, tu es la meilleure des mamans ! »

Même chez les tout-petits, il existe des pensées qui ne se disent pas, mais qui font du bien dans la tête. Celles de Nana lui permettent de se décharger de son vif ressentiment à l'égard de sa maman qui lui a imposé un petit frère, tout en préservant son amour. Son secret lui permet de faire face à sa forte ambivalence, naturelle dans les situations de rivalité fraternelle. Ce type de pensée facilite aussi l'investissement affectif du petit frère qui, en dormant, lui laisse, pour un moment, sa belle et bonne maman à elle toute seule.

Ces secrets qui ne blessent personne préservent les sentiments des autres et l'estime de soi. Ils ont des objectifs tout à fait bienveillants et honnêtes.

Les secrets qui font grandir

Lorsqu'on demande à des enfants de 7-8 ans ce que grandir veut dire, ils répondent souvent que, pour eux, grandir, c'est surtout dans la tête. Comment grandit-on dans sa tête ? Lorsqu'on ne fait plus le bébé. Et pour ne plus faire le bébé, il faut faire des choses de grand : s'habiller seul, se dépêcher le matin, choisir ses vêtements, lacer ses baskets, aller à l'école tout seul, manger avec les parents, s'occuper du chat, ne pas dépenser tout son argent de poche, faire ses devoirs seul, arrêter de pleurnicher, rentrer de l'école à l'heure ou prévenir, ne pas se disputer, aider ses amis, etc. Dans leur langage à eux, les enfants décrivent avec justesse les notions d'autonomie, de responsabilité et de soutien fourni par les pairs, indispensables à l'évolution harmonieuse et au bien-être psychique au long cours.

L'autonomie est la faculté d'agir par soi-même selon des règles de conduite clairement établies : on ne nous dit plus ce qu'on doit faire, nous le savons.

Les enfants, on le constate, aiment se dépasser pour entreprendre, réussir pour être libres comme les grands. Ils aiment conquérir cette liberté pour montrer à leurs parents leurs multiples et nouvelles compétences. « Je suis debout », nous laisse entendre le tout-petit d'à peine un an qui, pour la première fois, tient sur ses deux jambes, applaudissant malicieusement et cherchant notre regard transporté. Les enfants aiment se distancier de leurs parents dans les petits événements de la vie de tous les jours, découvrant ainsi les joies de la confiance et de l'admiration dans notre regard adulte.

Or l'autonomie n'est pas naturellement acquise ; elle se construit, au jour le jour, à travers l'éducation. Et le secret est un outil éducatif pour promouvoir l'autonomie.

Les secrets qui renforcent l'autonomie sont des secrets partagés entre des enfants et des adultes ou entre deux ou plusieurs enfants. On se ligue pour cacher, temporairement, quelque chose à quelqu'un. Ce sont aussi, nécessairement, des secrets révélés au moment opportun. Ils supposent un plan d'action que l'enfant réalise seul de A à Z ou sous la guidance d'un adulte ou d'un autre enfant. Ils comportent un élément caché qui est en rapport avec des situations diverses de la vie quotidienne de l'enfant. Et, une fois divulgués, ils doivent susciter la surprise du compère tenu dans l'ignorance et appellent une explosion de compliments, d'admiration, de félicitations et d'émerveillement.

Léo et Léa préparent la fête des mères. Ils s'isolent, chuchotent tant ils ont peur que leur secret soit entendu ; ils s'affairent et refusent catégoriquement de répondre aux questions qu'on leur pose.

– Qu'est ce que vous êtes en train de faire ?

– Rien !

Ils fabriquent de leurs mains de petits objets, découpent, collent et peignent, tout en s'imaginant le plaisir de leurs mamans à l'ouverture du paquet secret et les exclamations de joie qui vont suivre. Ils imaginent aussi leur propre plaisir à devenir pour quelques heures des êtres uniques, centres de l'univers de leurs mamans, qui vont se presser de faire part à tout le monde – famille, amis et voisins – de la merveilleuse surprise et du talent créateur de leurs petits artisans.

Qui n'a pas connu ce type de situation ?! Nous l'avons tous vécu avec beaucoup d'émotion ! Cette situation est fondamentale dans la conquête de l'autonomie. On y relève l'intention de faire plaisir, fondée sur l'observation et la connaissance de l'adulte : l'enfant prépare quelque chose qu'il sait qu'il aime. L'intégration des règles culturelles : la fête des mères est une date importante pour les mamans, donc il faut en tenir compte. Puis la créativité de l'enfant, l'objet étant conçu et réalisé avec les moyens du bord. L'implication, l'organisation et la compétence personnelles dans tout le processus de réalisation. Enfin, la capacité à atteindre l'objectif (la surprise) en résistant aux pressions extérieures et en gardant le secret. La réaction des parents face à ce geste tendre renforce l'autonomie et encourage les enfants à se laisser éduquer avec curiosité et intérêt.

Loulou, 6 ans, n'aime pas manger seul quand ses parents reçoivent des amis. Il adore participer à tout ce qui se passe, observer les grands, surveiller leur langage et leurs manières. Seulement ses parents ne cèdent pas. Loulou, est fâché et déçu. Sa grand-mère, qui le garde le mercredi, s'aperçoit de quelque chose et persuade Loulou de lui faire ses confidences. Il raconte son histoire et manifeste sa déception.

– Alors comme ça tu veux être grand pour montrer à tes parents que tu l'es ! dit la grand-mère, amusée. Mais tu sais, les grands font beaucoup d'efforts pour le devenir, alors si tu es prêt, peut-être pourrai-je t'aider, en secret.

– Oui, grand-mère, je suis prêt. Ce sera notre secret.

Deux mois s'écoulent pendant lesquels personne, sauf les deux protagonistes, ne sait ce qui se passe chez grand-mère. Le mercredi, il s'entraîne à manger comme les grands : à couper son steak haché puis, avec un vrai couteau, son poulet rôti, puis à piquer les morceaux avec la fourchette et à s'aider avec un bout de pain ; et surtout à prendre de petits morceaux et à manger la bouche bien fermée. Pour l'eau, grand-mère a trouvé une astuce. Elle a rempli une bouteille plus petite, qui permet à Loulou de se verser à boire tout seul, sans faire craindre les tâches. Un dimanche, grand-mère invite la famille à déjeuner. Les parents de Loulou se préparent à l'installer dans la cuisine, lorsque grand-mère annonce solennellement : « Nous avons une surprise : Loulou va déjeuner avec nous ! » Les parents sont sceptiques mais, chez grand-mère, c'est grand-mère qui commande. Vous devinez la suite ? Tout le monde a été ébloui par les progrès de Loulou, abondamment félicité. Mais personne ne sut, comment il y était parvenu. Le secret entre sa grand-mère et lui demeure, jusqu'à aujourd'hui, très bien gardé !
La fin de cette histoire est heureuse : Loulou et ses parents négocièrent des moments de présence avec les grands ; les déjeuners en famille furent acquis à Loulou, à jamais ; quant aux dîners avec les amis, certains privilèges furent gagnés, selon les cas – le degré de proximité des convives, les horaires et les rythmes scolaires.
La morale de cette histoire est évidente :
À Loulou, elle a montré que l'effort est payant, car il permet d'atteindre les buts vers lesquels on aspire. Qu'être autonome est génial parce qu'on arrive à se sentir à l'aise dans ses baskets, compétent et sûr de soi ! Elle lui a révélé son fort caractère et sa persévérance.
Aux parents de Loulou, elle a montré combien il est important de promouvoir l'autonomie en tenant compte de la réalité des situations. Et d'adapter leurs stratégies éducatives en fonction des vrais besoins de leur enfant.
Enfin, à tous, cette histoire a montré l'importance des grands-mères qui, par leur position éloignée et discrète, contribuent

efficacement à l'entente des générations et au plaisir de se retrouver ensemble. Leur rôle dans la famille leur confère le titre de meilleures gardiennes des secrets qui font grandir.

La **responsabilité** est pour les enfants la capacité à prendre seuls et en temps voulu des décisions les concernant, à les assumer et à les argumenter. Le processus de responsabilisation correspond à un cheminement intérieur qui se développe au fil des années et se nourrit des valeurs positives qui circulent dans la famille et à l'extérieur, dans la communauté. La responsabilité est une valeur familiale et sociale.

Les enfants aiment être responsables et apprendre à décider parce qu'ils sont sensibles aux effets positifs que cela produit en retour : s'occuper du chat apporte de la reconnaissance ; ne pas dépenser tout son argent de poche offre la possibilité de réaliser ses rêves ; prévenir quand on est en retard suscite la confiance des parents et fait gagner un peu de liberté individuelle. La prise de décision consolide la confiance en soi et promeut l'initiative et l'esprit d'entreprise.

Les enfants aiment aussi les défis personnels. Or toute décision implique un défi à soi-même : faire ses devoirs tout seul oblige à affronter l'anxiété ou la culpabilité, maintient la paix familiale et entretient le plaisir de s'impliquer dans d'autres activités. Réussir dans une voie choisie suscite des émotions positives et une satisfaction durable. Gérer une situation difficile apporte un soulagement et prévient la panique. La prise de décision favorise une meilleure connaissance de soi, de ses forces et de ses limites et développe les capacités d'anticipation et de planification.

Elle permet enfin de contrôler ses émotions : ne plus pleurnicher tout le temps, par exemple, suppose la maîtrise de ce que l'on ressent et le recours à d'autres moyens pour exprimer son inconfort ou son malaise. Ainsi se constitue un capital de ressources personnelles qui permet de prendre du recul dans les situations stressantes.

Et le secret, dans tout cela ? Quel lien entretient-il avec les processus du développement personnel ? Les secrets qui font grandir constituent pour l'enfant en voie de responsabilisation un outil de réflexion, une stratégie d'action, une méthode d'introspection. L'objectif est d'éviter d'être influencé par les conseils en tout genre et d'empêcher les autres d'imposer leur manière de faire. Très tôt, les enfants développent un mode de pensée et d'action que nous, parents, devons veiller à respecter afin de ne pas risquer de les bloquer ou de les inquiéter. Certains enfants sont lents, d'autres plus rapides ; certains très organisés, d'autres moins ; certains spontanés, d'autres naturellement plus réfléchis. C'est ce qu'on appelle communément le caractère. Dans cette perspective, pour se protéger de la critique d'autrui – y compris de celle des parents qui, tout en voulant leur bien, commettent parfois des impairs en pensant qu'ils détiennent la seule et unique bonne manière de faire – et pour conserver leur singularité, les enfants réfléchissent en secret, se posent des questions avec des mots qui ont de l'importance pour eux, envisagent des réponses acceptables et finissent par choisir celle qui leur paraît la plus convaincante, compte tenu de ce qu'ils sont et de ce qu'ils se sentent capables d'entreprendre. Il s'agit d'un travail mental complexe et personnel qui n'est pratiquement jamais évoqué à haute voix mais qui est nécessaire à leur responsabilisation. Pour leur bien-être et notre tranquillité, il faut qu'ils soient en accord avec eux-mêmes afin de faire leurs choix (en fonction de l'âge, bien évidemment), prendre les bonnes décisions et les mettre efficacement en application.

Pour ce faire, ils mettent en place une stratégie d'introspection – l'introspection étant le processus d'observation et d'analyse de soi qui permet d'étudier sa personne. L'objectif principal de cette exploration est de mettre, psychiquement, à son service la connaissance qui en découle, de s'appuyer sur ses points forts et d'aménager ses points faibles. L'introspection est parfois consciente – nous nous rendons compte que nous sommes en train de penser sur nous-mêmes –, parfois pas du tout. Mais, vis-à-vis des autres, c'est par définition un processus secret, qui se déroule dans la tête, chez les enfants comme chez les adultes.

L'introspection se manifeste par la remémoration de souvenirs, des paroles entendues sur soi ou par des scénarios imaginaires. Elle se poursuit, toujours, par un jeu de questions-réponses. L'enfant s'interroge surtout sur sa valeur et sur ses compétences. Il tente de vérifier ce que l'entourage lui renvoie comme image en faisant des liens entre des adjectifs qui le caractérisent et ses actions. « On me dit que je suis sympa, c'est parce que je fais rire mes copines. » « On me dit que je suis intelligent, c'est parce que j'ai de bonnes notes en classe », etc. Il arrive ainsi à se construire une représentation subjective de lui-même. Il s'interroge également sur sa propre expérience et sur ses réactions face à une situation. « J'ai donné mon bonbon à Lucie, parce qu'elle avait l'air malheureuse alors je suis gentille. » Il réfléchit aussi à l'expérience de ses pairs et tente de la comprendre en se mettant à leur place. « Lucie se fait tout le temps disputer. C'est dur pour elle. Comment je ferais si j'avais sa maman ? », etc. De cette façon, ils apprennent l'empathie et se préparent à affronter des situations perçues comme difficiles.

En tant que parents, nous n'avons aucun rôle à jouer dans ce travail d'introspection. Nous ne devons surtout pas nous infiltrer ou les obliger à tout nous avouer. L'étude de leur personne leur appartient. Ils nous disent ce qu'ils veulent, à nous ou à d'autres personnes importantes de leur entourage. C'est par eux-mêmes qu'ils deviennent responsables. C'est par eux-mêmes qu'ils avancent, en confiance.

La responsabilisation passe enfin par des stratégies d'action, phénomènes plus fréquents chez des enfants plus grands, au collège notamment. Ainsi, ils expérimentent concrètement, et en secret, les conséquences de leurs décisions. Ils élaborent un plan d'action, se préparent un peu à l'inconnu, prévoient le scénario et le mettent en application. « D'abord je fais les choses, et selon le résultat et ce que je ressens, j'en parle ou pas après. » Cette stratégie vise à éviter les critiques, les moqueries ou les conseils intempestifs d'un entourage vécu comme trop intrusif. Elle vise aussi à leur permettre de se mesurer seuls aux événements importants de leur vie d'enfant et d'apprendre, selon leur propre hiérarchie de valeurs, les leçons de l'expérience.

Sandra est en CM2. C'est une petite fille un peu tête en l'air, qui aime traîner et rêvasser. Elle arrive souvent la dernière dans la cour de l'école, s'éternise devant ses devoirs, et sa contribution aux tâches de la maison s'effectue au bout de cinq rappels appuyés de la part de ses parents. Avec ses copains, et dans un nouveau groupe, elle a besoin de temps – pour les observer et décider de son intérêt pour eux, pour se rassurer et peaufiner sa participation dans le groupe. Avec les adultes, c'est la même chose. Elle préfère bien les connaître avant d'initier tout échange. Elle aime être sûre de leur attitude et de leur bienveillance à son égard.

Sandrine, sa maman, est tout son contraire : active, dynamique, enjouée, sociale, bavarde, proche de ses enfants et… très maman poule. Elle ne recherche que le bien-être de ses petits êtres chéris et se donne corps et âme dans la réussite de cette entreprise.

Un jour, Sandra s'en va en cours de danse et revient à la maison une demi-heure après. Elle a oublié ses chaussons et le professeur s'est montré fort mécontent. Il a rappelé que, pour suivre son cours et en profiter, il fallait avoir son matériel.

Sandra est honteuse : sa tête en l'air lui a encore joué des tours et, en plus, tout le monde a vu sa gêne. Sandrine est furieuse : Sandra n'a pas su insister et s'imposer malgré l'interdiction.

– À ta place, j'aurais trouvé une excuse, je ne me serais pas laissé renvoyer ! Il faut apprendre à te battre ma chérie ! La vie est difficile et personne ne te fera de cadeaux. Si tu ne te bats pas, tu vas te faire écraser. J'espère que tu m'écoutes et que tu comprends ce que je te dis !

Sandra ne pense qu'à la scène qui s'est déroulée dans la salle de danse. Elle se demande pourquoi elle a oublié ses chaussons. Elle ne l'a vraiment pas fait exprès. À qui aurait-elle pu emprunter une paire de remplacement ? À qui pourrait-elle en emprunter une si jamais cet incident se produisait de nouveau ? Elle se demande aussi si ses chaussettes n'auraient pas pu servir, pour une fois, de chaussons ; si d'autres copines sont déjà passées par là, etc.

Et, oui, elle n'écoute pas vraiment sa maman qui lui parle de choses bien éloignées de ce qu'elle connaît : se faire marcher sur les pieds... dernière roue du carrosse... Elle regrette même que sa maman soit rentrée plus tôt, découvrant le pot aux roses, alors que tout serait plus simple, si elle n'était pas là !

Le lendemain, Sandrine revint à la charge, pour le bien de Sandra ; elle lui explique l'importance de la combativité dans la vie en illustrant abondamment ses propos par des exemples issus de sa longue expérience. Le monologue se termine par les mêmes mots : « J'espère que tu m'écoutes et que tu comprends ce que je te dis ! » car aucune réaction d'approbation ne se fait sentir du côté de Sandra.

Une semaine passe et le cours de danse approche à grands pas. Sandrine est décidée : pour le bien de Sandra, elle prendra une demi-journée pour voir le professeur et... se battre pour sa fille ! Sandra est décidée aussi : elle ira seule au cours de danse ou pas du tout, quitte à inventer un petit mensonge : un terrible mal de ventre ou un cours d'instruction civique déplacé. Le jour J, Sandrine ne peut accompagner sa fille : malheureusement Sandra doit assister à un enseignement obligatoire exceptionnel.

La semaine suivante, Sandrine se lance dans d'autres combats et oublie celui des chaussons de danse. Sandra, de son côté,

réfléchit, en rêvant, au professeur de danse et à elle-même. Elle, elle est dure, mais moi je suis gentille et je ne l'ai pas fait exprès. C'est une super prof, et moi je l'aime bien ; elle est contente avec ses élèves parce qu'elle leur apprend plein de pas marrants et moi j'ai envie de continuer avec elle. Mais si elle aime les enfants, c'est qu'elle peut leur pardonner quand ils ne le font pas exprès et moi, je ne veux pas qu'elle soit fâchée contre moi, etc.
Sandra se rend au cours suivant comme à l'accoutumée et à son retour à la maison elle est comme sur un petit nuage : ravie, émue, espiègle et secrète. Sandrine, la regarde du coin de l'œil :
– Tu n'as pas encore oublié tes chaussons, tête en l'air ?
– Non, maman ! répond Sandra en filant s'enfermer dans sa chambre.
Pour Sandrine lancée dans l'organisation d'une série de goûters d'anniversaire, l'histoire s'arrête là. Pour Sandra, l'histoire ne fait que commencer. Pendant le cours de danse, elle s'est approchée de son professeur bien-aimé et lui a dit d'un trait :
– Aujourd'hui j'ai mes chaussons. La dernière fois, je ne l'ai pas fait exprès, je suis tête en l'air et j'ai oublié. J'aime beaucoup la danse et je veux en faire. Pardon, je n'oublierai plus !
Son professeur sourit :
– Je sais que tu ne l'as pas fait exprès. Tu es une bonne danseuse et je t'ai punie pour que tu penses à mieux t'organiser et fasses redescendre ta petite tête sur terre. Je veux même te donner le rôle principal dans le spectacle de fin d'année, et alors, comment pourrais-tu être une vedette si tu n'as pas le bon matériel pour t'entraîner ?!
Sandra, aux anges, a pris la décision de ne jamais raconter à sa mère ce qu'elle avait dit au professeur de danse. Parce que, même si elle ne sait pas très bien ce qui s'est passé pendant ce dialogue, elle sait que ce n'est pas comme ça que sa maman l'a incitée à se battre et elle ne veut pas lui faire de peine.

Cette histoire mettant en scène une mère dévouée qui peut être mal comprise souligne combien il est important d'octroyer aux enfants un espace intime de réflexion à occuper avec leurs mots, leurs pensées et leur jugement. Elle révèle aussi qu'il est salutaire de leur faire confiance et de les laisser résoudre leurs problèmes, à leur façon, avec ce qu'ils sont et ce qu'ils se sentent capables de faire. Même s'ils sont nos enfants, chair de notre chair, prunelle de nos yeux, ils sont des êtres à part entière, uniques et différents. Si nous les considérons comme tels, nous devons leur laisser la possibilité de faire face à leurs soucis d'enfants, sans nous imposer. Les enfants apprennent de ce qu'ils vivent et expérimentent par eux-mêmes. Leurs secrets nous protègent, nous, parents, de l'inquiétude issue de l'incompréhension ou de notre différence.

L'autonomie et la responsabilité se développent, naturellement, au sein de la famille, mais se maintiennent et se renforcent grâce au soutien de camarades aimés, à leurs encouragements et au partage d'une expérience commune. L'affirmation dans un groupe et la solidarité sont des valeurs adoptées par nos enfants, grâce à un processus d'identification aux personnes significatives de leur entourage, en particulier leurs copains.

Le **soutien des pairs** est essentiel. Les amis exercent une influence bénéfique sur le développement psychique de nos enfants. Ils leur offrent la possibilité de découvrir des personnalités différentes de la leur, ainsi que la notion de complémentarité. Un enfant timide s'épanouit avec des camarades plus affirmés, un enfant surprotégé profite de la complicité de pairs plus autonomes, un jeune enfant mûrit en la présence de plus âgés. Et parce que l'amitié engage et pousse vers la découverte de l'intimité, arrivent en force petits et grands secrets qui n'attendent que d'être partagés avec des personnages élus pour leur attrait particulier.

Ce type de secret est exclusif et fonde l'intimité, l'empathie et la résonance affective. Il est parfois la clef de l'amour lui-même. Il naît lorsque deux identités se mélangent. Chaque identité devient le moi intérieur qui émerge dans la toute première enfance, lorsque le petit être en devenir commence à distinguer les limites du soi et d'autrui. Plus tard, le moi intérieur rencontre un autre moi intérieur avec lequel il va créer un moi partagé. Pour aboutir à la vraie intimité, chacun des protagonistes accepte l'autre de manière inconditionnelle.

Ce type de secret suppose un échange profond de confidences, avec leur cortège de droits et de devoirs qui aident à mûrir. Les secrets qui font grandir sont des secrets d'alliance et de partage.

Et, dans cette perspective, les bons parents sont ceux qui font en sorte que leurs enfants puissent se dispenser d'eux.

Les secrets qui font du mal

La révélation de certains secrets est tolérable bien qu'embarrassante. Nous sommes tous confrontés à ce type d'épisodes, à plusieurs reprises au cours de notre vie. Par exemple, notre employeur nous épingle pour un retard inexpliqué ; notre mère trouve notre journal intime ; le caissier du supermarché s'aperçoit qu'il nous a rendu trop d'argent et que nous n'avons rien dit… Ces situations créent, dans l'instant, une pression extrême et un ressenti terrible. Nous aimerions que la terre s'ouvre pour nous engloutir. Mais quelques minutes après, la gêne se dissipe, car rien de terrible n'est advenu. Notre employeur nous a oublié et s'est occupé de quelqu'un d'autre ; notre mère a la délicatesse de ne jamais mentionner notre journal intime ; quant au caissier, il sourit de manière entendue. Même lorsque nous ne sommes pas fiers de ces incidents et n'avons pas envie de les crier sur les toits, dans certaines situations de détente, nous pouvons en parler avec humour, raconter nos ressentis en terminant par une autocritique constructive. Ce sont nos petits secrets quotidiens. Dans d'autres situations, éducatives, avec nos enfants, nous pouvons utiliser ces événements pour faire passer des messages instructifs, axés sur l'importance des valeurs universelles d'honnêteté, de respect de soi et d'autrui.

Il en va tout autrement lorsqu'il s'agit de secrets concernant des situations, des pensées ou des sentiments qui nous ont marqués négativement, tant nous avons l'impression qu'ils nous renvoient une mauvaise image de nous. L'idée qu'ils pourraient être connus déclenche honte ou culpabilité. La peur du dévoilement naît de notre crainte du jugement d'autrui. Ces secrets détestables s'adressent toujours à un personnage extérieur que nous mettons inconsciemment dans une position de supériorité, de juge.

Il existe toutes sortes de secrets détestables. Leur gravité découle de l'expérience vécue et de la valeur personnelle que nous lui conférons. Tous, adultes comme enfants, nous avons des opinions tranchées à notre propos : c'est humiliant d'avoir fait, pensé, rêvé cela. Ou : dans telle situation j'ai été nul, bizarre, anormal, pas à la hauteur, etc. Et nous pensons (sans raison d'ailleurs) que, si nous avons cette perception de nous-mêmes, les autres ont obligatoirement la même.

Nous sommes alors partagés : il est logique que nous souhaitions oublier les situations qui nous ont amenés à une vision aussi négative de nous-mêmes, mais nous aimerions bien aussi pouvoir les raconter pour mieux les comprendre et les dépasser. Dans ce conflit, nous décidons, la plupart du temps, de les occulter, car nous avons peur de ce que ces épisodes pourraient dire aux autres sur nous-mêmes.

Tom a 9 ans. C'est un petit garçon gai, curieux, sympathique et remuant. Il fait du hockey sur glace, aime jouer au foot, accepte, dans son groupe, les filles qui sont « cool ». Il a une bande de dix supercopains (garçons et filles), unis comme les mousquetaires. D'ailleurs, entre eux, en grand secret, ils s'appellent LMFT, « les Mous qui font taire ». Il s'agit de faire taire des méchants, des aliens qui débarquent de galaxies lointaines, pour polluer les rues et détruire les arbres. Ils les pistent, par petits groupes : dans leur quartier, autour de leur école, dans le square d'à côté ; ils marquent à la craie bleue les trottoirs de leur signe pour indiquer les endroits dangereux et font des débriefings passionnés tous les soirs de la semaine.

Et lorsqu'ils se retrouvent tous les dix, chez les uns ou chez les autres, ils mettent au point des plans d'action, qu'ils consignent soigneusement, illustrations et graphiques à l'appui, dans un cahier à petits carreaux, qui change de main, en fonction du lieu de la réunion, absolument secret pour tout le reste du monde.

Tom est le plus courageux. Il a à son actif les plans les plus audacieux, les devises les plus créatives, l'énergie la plus débordante et le vélo le plus rapide. Tout pour devenir le chef, après des élections démocratiques.

L'investiture, fêtée comme il se doit autour d'un goûter géant, est une réussite inoubliable.

Quelques jours après cette cérémonie, voilà nos LMFT partis vers des terres inconnues. Les aliens ont envahi les quartiers d'à côté, il faut donc leur donner une leçon ! À la tête du groupe, Tom.

La bande traverse le trottoir limitant la zone de sécurité de son quartier bien connu, s'engouffre dans un couloir de métro, ressort de l'autre côté, tourne à droite, puis à gauche, puis à gauche et à droite, dévale les escaliers d'un nouveau métro, s'évade par la sortie d'en face, traverse un marché, puis un square, remonte une rue, en descend une autre, traverse un petit espace vert et s'arrête net devant une boulangerie pour un Mister Frizz bien mérité. La chasse ayant été impitoyable, le contentement est à son comble, les rires fusent, le Mister Frizz fond, des tâches rouges, bleues et vertes tombent sur les tennis, ce qui anime encore plus nos braves aventuriers. Qui, avec la dernière goutte

de Mister Frizz, ressentent leur fatigue et se rendent compte qu'il est grand temps de réintégrer leurs foyers.
– En rang pour le retour ! crie Tom.
À ce moment précis, nos Mous qui font taire s'aperçoivent ensemble qu'ils sont bel et bien perdus. L'inquiétude monte.
– Tom, comment on va faire ? On ne sait pas où on est !
– Mais non, rassure Tom. Moi, je sais très bien où on est, j'ai tout retenu, suivez-moi !
Pour donner l'exemple, Tom retraverse l'espace vert, descend une rue, en remonte une autre, tourne à droite, puis à droite et à gauche, encore à droite et la bande se retrouve devant une station de métro inconnue, écrasée par la foule qui se presse de s'y engouffrer.
– Tom, on en a marre, on est morts !
– C'est bon, répond Tom avec conviction. Je sais où on est, on va y arriver très bientôt.
Mais la crainte s'insinue en lui et, avec, la peur de faillir à son rôle de chef.
– On n'aurait jamais dû venir, on aurait dû rester chez nous. On fait quoi, maintenant, Tom ? commence à se plaindre la bande.
Sans conviction, Tom propose de tourner à droite, parce que c'est ce qu'on a fait en venant, mais personne ne veut le suivre.
– On en a marre, on n'y va que si tu es sûr.
Martin commence à pleurer ; Jocelyn s'assoit sur le trottoir, la tête sur les genoux. Marianne lui prend la main et pleure avec lui. Tom a envie de pleurer, lui aussi. Sans conviction, il arrête une dame qui a l'air gentille.
– Bonjour madame, comment on fait pour aller d'ici à la rue des Champs ?
– Eh bien ! vous n'êtes pas tout près du tout de vos maisons ! Je ne sais même pas comment vous expliquer, le mieux est que vos parents viennent vous chercher…
La nuit commence à tomber. La peur grandit, Tom est cramoisi, mais ne peut renoncer. Il s'approche d'un monsieur qui, lui aussi, a l'air gentil et lui demande avec espoir :
– Je ne suis pas de Paris, répond-il, je viens de Poitiers.

Les Mous qui font taire sont à bout. Et Tom ne peut plus contenir ses larmes. Il pleure sans retenue, de peur, de dépit et de honte.
Une gardienne d'immeuble, qui suit depuis un moment les péripéties de ces petits diables, décide d'intervenir.
– Alors, les enfants, vous êtes perdus, c'est ça ?
Tom essaie de parler, mais les larmes l'en empêchent. Jocelyn prend la parole et, par la même occasion, les choses en main.
– Oui, madame. Pouvez-vous, s'il vous plaît, téléphoner à nos parents ?
Vingt minutes plus tard les LMFT se jettent dans les bras de leurs parents, la bande s'éparpille, puis les enfants rassurés racontent à leurs parents l'histoire des Mous qui font taire chassant l'alien dans les rues de Paris et de leur chef Tom qui s'est perdu dans la complexité de la grande capitale. Les parents écoutent ces récits, en faisant les gros yeux, mais en souriant intérieurement, soulagés par la fin heureuse de cette aventure.
Le lendemain, en classe, tout est comme avant. Nos copains se retrouvent et se saluent par les gestes de leur bande. On fait des plans, on barbouille les trottoirs, on écrit sur le cahier. Mais le cœur n'y est plus. Plus personne n'y croit. Avec les vacances scolaires, les LMFT se dispersent. Et, à la rentrée suivante, ils ont cessé d'exister. Tom cherche dans le regard des autres des signes lui montrant qu'il est apprécié, qu'il n'est pas nul, qu'il assure. Il fait tout pour être à la hauteur : se donne à fond à son hockey, au foot, dans l'amitié avec les copains. Il est gai, sympathique, ouvert et dynamique. Il a refusé de parler de cette histoire, de la raconter, d'en rire ! Il l'a enfouie au fond de lui-même. Pour toujours. Le seul lien qu'il garde avec cette aventure enfantine est l'habitude, tenace, d'être à l'affût de l'approbation et du soutien des autres, avec le sentiment douloureux que, malgré tout, il ne sera jamais à la hauteur... L'épopée des Mous qui font taire est devenue, pour lui, un secret détestable.

De notre point de vue d'adulte, c'est une histoire qui finit bien. On se dit qu'il n'y a pas de quoi en faire un drame. Que les enfants ont besoin de leçons de vie, que celle-ci en est une, parmi tant d'autres, et qu'il leur faut apprendre le principe de réalité pour intégrer pleinement les enseignements des parents. La frayeur éprouvée s'est trouvée être le véhicule de cet apprentissage.

Du point de vue de Tom, on comprend que l'histoire lui a changé la vie. L'humiliation ressentie, les reproches qu'il a entendus et qu'il s'adresse à lui-même ont modifié profondément la manière dont il se voit et dont il s'apprécie.

Adultes comme enfants, nous taisons les secrets détestables, car nous avons peur du regard qu'ils nous obligent à porter sur nous-mêmes et, pour éviter cette confrontation, nous les enterrons dans les sous-sols de nos âmes, en en verrouillant les accès. Et nous continuons, tranquilles en apparence, à prendre la voie de la dissimulation, à nous voiler la face et à souffrir, de manière apparemment inexplicable.

La souffrance est bien là, car il nous arrive, lors d'événements insignifiants, d'avoir des réactions démesurées vis-à-vis de personnes, par ailleurs, bienveillantes. À tel point que nous sommes troublés par des idées surgies d'on ne sait où.

Hélène, 10 ans, est une fillette solitaire. Dans la cour de récréation elle joue tantôt avec les uns, tantôt avec les autres. Elle est accueillie dans les groupes de jeux, mais les enfants cherchent rarement sa compagnie. Tous les soirs, dans sa chambre, Hélène se demande comment faire pour se faire des amis. Tout ce qu'elle essaie tombe à plat. Dans la cour de récré, elle tente de se ranger du côté de Delphine, mais elle est poussée par Océane, la copine de Delphine. Elle offre des bonbons à Océane, mais celle-ci n'en veut pas. Elle invite Lucie à goûter, mais Lucie est déjà invitée par Delphine. Elle essaie de raconter une histoire, mais, Delphine, Océane et Lucie changent de sujet.
Le soir, dans sa chambre, Hélène a parfois envie de pleurer, tant elle se sent insignifiante, seule, incapable et triste.

– Est-ce qu'un jour je vais avoir des amis ? Est-ce qu'un jour quelqu'un va m'aimer? se demande-t-elle, en serrant dans ses bras son ours Mishka.
Bien sûr, elle sait que sa maman l'aime très fort, tout comme son papa, sa tante Julie, sa grand-mère Yvonne et son tonton Philippe. Mais l'amour des autres, ce n'est pas la même chose!
Un jour, la maîtresse de CM2 demande une rédaction sur le sujet du meilleur ami. Un brouhaha se lève dans la classe, une voix résonne : « C'est pas juste, Hélène a trop de chance! » La maîtresse, surprise, demande des explications. Hélène est rouge pivoine et de grosses larmes coulent sur ses joues. La voix du fond de la classe poursuit, moqueuse : « Hélène n'a pas de meilleure amie, c'est le bouche-trou! » La maîtresse demande à l'impertinente de s'excuser. Elle s'insurge contre ces jugements à l'emporte-pièce et organise un débat sur la question du respect dans la vie en groupe.
Mais Hélène, par la pensée, est partie se cacher, quelque part, loin en elle-même, pour ne plus entendre ces mots qui la brûlent et font couler ses larmes. La voix du fond de classe résonne en elle : tu es timide, tu es bête, tu es volatile, personne ne t'aime, tu n'auras jamais d'amis, tu es un bouche-trou, bouche-trou, bouche-trou!
Le lendemain, Hélène est absente. Elle a mal au ventre et un peu de fièvre la rend patraque. Le surlendemain, Hélène réapparaît, souriante, comme si de rien n'était, solitaire, égale à elle-même. Et la vie reprend son cours habituel en classe de CM2.
Des années plus tard, dans sa vie de jeune adulte, Hélène développe une colère extrême chaque fois qu'on l'interroge sur ses loisirs ou ses amitiés. Une question aussi insignifiante que « Sortez-vous beaucoup ? » déclenche des foudres inexpliquées : « Mais de quoi je me mêle! Je ne vous permets pas! Je n'ai rien à dire, vous savez! » L'interlocuteur, stupéfait, hausse les épaules et passe son chemin.
Des années plus tard, encore, lors d'une consultation psychologique, Hélène me confie : « J'ai tout fait pour oublier de penser à moi, pour oublier ma honte et la souffrance qui en découle.

Cette honte est devenue mon secret, et je devais le taire à tout prix. L'idée de raconter ma vie scolaire faisait claironner la voix du fond de classe qui me terrorisait par la cruauté de ses propos. Parfois, je me disais : ce n'est pas grave, je vais raconter à tout le monde que j'étais un bouche-trou ; c'est comme ça, il y a des meneurs et des suiveurs. Mais comment se contenter d'être un bouche-trou ? Et si on n'assume pas d'être un bouche-trou, comment changer ?

Hélène a raison : nous occultons nos secrets détestables car nous avons peur de changer. Et c'est logique : lorsque nous prenons conscience de l'existence de certains aspects de nous pas vraiment brillants, il nous faut nous remettre en question et avancer. Lorsque nous ne sommes pas mûrs pour le grand saut dans la transformation psychologique, lorsque cette seule idée nous bouleverse, nous choisissons de fuir et d'enfouir notre peur. Est-ce la meilleure option ? Pas à tous les coups. Au cours de psychothérapies, combien de patients racontent : « J'ai eu tort de me voiler la face si longtemps, j'ai souffert pour rien, sans même arriver à me connaître réellement. Je ne comprenais pas mes réactions, les raisons qui me faisaient agir, la colère ou la peur qui montaient d'un coup. De plus, chaque fois que je me déchaînais ainsi, des traits négatifs venaient s'ajouter au palmarès, faisant baisser encore et encore le peu d'estime qui me restait de moi-même. » Hélène se disait : « Non seulement tu es un bouche-trou, mais en plus tu es colérique, lunatique, hystérique... »

Si l'on n'accède pas à ses secrets, il est difficile de parvenir à une juste connaissance de soi. Au contraire, c'est la méconnaissance, fabriquée de toutes pièces, qui nous guette au détour de nos expériences et de nos rencontres. Plus nous gardons en nous nos secrets détestables, plus nous nous fixons dessus, plus nous les laissons nous dévorer et nous commander.

Ces secrets font mal. Il est nécessaire de les évacuer pour goûter pleinement aux expériences de la vie. Leur révélation soulage d'une grande quantité de stress et peut même guérir de maux physiques tels que les migraines, les maux de dos, de ventre, etc. Elle peut aussi produire des effets inattendus, puisqu'on s'aperçoit qu'il existe différentes manières de les comprendre et de les accepter.

Nous pouvons gérer leur élimination par nous-mêmes. Pour cela, n'ayons pas peur et agissons en réfléchissant. Sigmund Freud, inventeur de la psychanalyse, conseillait : « Entre en toi-même, dans tes profondeurs et apprends à te connaître. [...] et tu éviteras peut-être de devenir malade[1] ! »

En pratique, qu'est-ce que cela signifie ?

Prenons régulièrement des petits moments pour rester seuls avec nous-mêmes et posons-nous les bonnes questions : est-ce que c'est vraiment si grave ? Est-ce que c'est vraiment ma faute ? Est-ce que ce sera toujours ainsi ? Pourquoi cela s'est passé comme ça ? Dans quel contexte ? Quelle en a été la raison ? Ma priorité ? Ma peur ? Est-ce que ça peut se reproduire ?...

Écoutons nos réponses sincères et poursuivons le questionnement. Ainsi attaqué, le secret détestable commence à battre en retraite. Puis, commençons par nous rappeler que, dans notre vie, nous avons également des expériences de réussite, de joie, d'amitié ou de reconnaissance. Mais nous les avons simplement oubliées, tant nous étions sous l'emprise de nos secrets détestables.

Soyons attentifs à nous et aux autres, mais différemment. Remarquons au quotidien nos petits points forts et acceptons-les. Ils ne sont pas là par hasard, puisqu'ils sont aussi nous. Finis-les, « ce n'est pas grand-chose... », « tout le monde peut le faire », « tout le monde peut réussir », « c'est facile », « ce n'est rien », etc. ! Faisons taire ces contradicteurs intérieurs qui ne

1. *Une difficulté de la psychanalyse* (1917), Gallimard, 1985.

visent qu'à nous décourager et à nous rabaisser. Tout le monde peut le faire, peut-être, mais c'est nous qui l'avons réellement fait. À notre façon, avec nos idées, notre cœur et notre effort. Observons également les réactions des autres. Avec l'idée qu'elles ne nous sont pas systématiquement adressées. Et que de nombreuses personnes pourraient, comme nous l'étions auparavant, être dirigées par leurs propres secrets détestables.

Intégrons le fait que tout n'est pas à dire aux autres, que rien ne nous oblige à avouer nos torts, que nous pouvons choisir les fragments de vérité racontables sans encourir aucun danger. Et surtout, restons honnêtes envers nous-mêmes, quel que soit le discours fabriqué à l'intention des autres.

Apprendre à l'enfant à distinguer bons et mauvais secrets

De nombreux parents, par crainte de l'inconnu et pour protéger leur enfant, essaient de faire passer l'idée qu'il faut « tout se dire ». L'objectif, on le comprend, est totalement inaccessible. En revanche, ils peuvent lui apprendre tôt à réagir à l'injonction « surtout, ne le dis pas à tes parents » (sauf s'il s'agit d'un « bon secret » comme la préparation d'une surprise). Dans ces cas-là, il doit se méfier : s'il ne doit pas le dire à ses parents, c'est sans doute que ses parents ne seraient pas d'accord parce qu'il s'agit de quelque chose qui n'est pas bon pour lui. Il s'agit parfois de choses apparemment anodines :

Adèle, 4 ans, a l'air un peu tracassée depuis plusieurs semaines. Un jour, assise à l'arrière de la voiture dans son siège – ce moment précieux que les enfants choisissent souvent pour dire des choses importantes –, elle lâche : « Tu vas me gronder : quand Manuela (la baby-sitter) est là on regarde *Les Feux de l'amour*. Mais elle m'a dit de ne pas te le dire parce que tu ne voulais pas que je regarde la télé. » Dans la suite de son récit la petite fille est complètement bouleversée d'avoir dû garder ce secret et très soulagée d'être libérée de ce poids quand sa maman la félicite de le lui avoir dit. L'enfant est, en effet, très embarrassée par ce qu'elle perçoit, à juste titre, comme une transgression. La baby-sitter, à qui les parents ont délégué leur autorité le temps où elle est chez eux, la met dans un conflit de loyauté qu'elle ne peut assumer et, au lieu de le rassurer, elle l'insécurise. Ce n'est pas totalement anodin d'introduire ainsi une complicité avec l'enfant contre ses parents. Une simple affaire du genre « dis pas à ta maman que je t'ai donné un carambar car elle a dit qu'elle ne voulait pas que tu manges de bonbons » est du même ordre. Dans le cas d'Adèle, la baby-sitter lui a fait, non seulement transgresser l'interdiction de la télé à ces heures-là, mais en plus lui a fait regarder une émission qui paraîtra anodine aux adultes mais qui plonge Adèle dans des problématiques qui ne sont pas de son âge et dans lesquelles il est trop tôt de l'entraîner. À 4 ans, la petite fille a des questions beaucoup plus importantes pour elle sur lesquelles se concentrer.

Ainsi, donner comme règle à un enfant qu'il faut s'empresser de dire à ses parents ce qu'on lui a enjoint de taire (« ce n'est pas la peine d'aller prévenir tes parents » ou « surtout, ne le dis pas à tes parents ») est une bonne manière de le mettre en garde dans sa prise d'autonomie, sans l'angoisser avec des informations plus précises sur les inconnus qui lui voudraient du mal.

2

Les lieux du secret

La chambre : un piège à mamans

L'arrivée d'un bébé disent les nouveaux parents procure un bonheur inouï et les inquiétudes les plus vives ; un amour infini et des colères extrêmes ; une fierté immense et des frustrations atroces ; une sagesse profonde et des doutes insupportables. Il est naturel d'éprouver des sentiments aussi contrastés, lorsqu'on devient parent – encore faut-il pouvoir les appréhender le plus sereinement possible et essayer de comprendre ce qui se passe entre nos enfants et nous.

Chacun gère ses contradictions à sa façon, avec son histoire, son caractère, et selon la situation à laquelle on est soudain confronté après une journée déjà bien chargée. On constate qu'être parent amène à vivre au jour le jour des événements tantôt joyeux, tantôt conflictuels. Nous menons avec nos enfants les mêmes combats quotidiens : être à l'heure à l'école pour leur apprendre les bienfaits de la ponctualité ; limiter les bonbons pour qu'ils apprécient la bonne cuisine ; ne pas traîner devant la télé pour consacrer du temps aux devoirs ; dire bonjour à la dame pour les habituer aux paroles respectueuses...

Et on leur apprend à ranger leur chambre. Lorsqu'ils sont petits, les jouets traînent partout. Cubes, coussins, Lego, camions, pompiers, poupées, peluches... auxquels s'ajoutent des papiers de bonbons ou quelques miettes de chips, permettent de reconstituer leurs activités. Quand il ne reste plus le moindre espace au sol, ils migrent avec leurs jouets vers des lieux encore intacts de la maison, comme la salle de séjour, le bureau des parents, la cuisine, etc. Si vous leur proposez un seul jouet pour calmer leurs conquêtes territoriales, c'est « non » : ils en ont besoin d'au moins huit pour se raconter leurs histoires... Plus tard, devenus grands, des signaux apparaissent à l'intention des éventuels intrus : sur la porte de la chambre, des panneaux rouge fluo indiquent le sens interdit ; sur les tiroirs de leur bureau, des Post-it, toujours fluo, mentionnent un catégorique « Défense de fouiller », sur leur agenda noir est inscrit en blanc à l'effaceur d'encre qu'il est interdit de l'ouvrir... Les jouets sont remplacés par des vêtements, posters, linge, sacs, ballons, bijoux, rollers, trousses, cahiers, boîtes, piles, câbles, CD, ordinateurs ou MP3, etc. Mais rien ne change fondamentalement. Seul cesse le besoin de passer d'une pièce à une autre puisque leur chambre devient un territoire privé qu'ils revendiquent comme tel. Là, tout est de préférence par terre, l'idée étant d'enjamber pour remplir ailleurs. Ou sur le bureau, sur lequel ils ne cessent d'empiler pour avoir de bonnes raisons de travailler par terre ou de ne pas travailler du tout !

Ce désordre nous exaspère, parce que notre maison est à nos yeux un espace de réconfort et de sécurité. C'est aussi un lieu d'émotions fortes et de liens stables. Il crée notre sentiment d'appartenance. La maison est notre enveloppe. Un lien invisible unit ceux qui l'habitent. Elle favorise une intimité familiale où la place des objets, reflets de notre inconscient [1], joue un rôle nécessaire. Le désordre nous inquiète car

1. Voir Alberto Eiguer, *L'Inconscient de la maison*, Dunod, 2004.

il ne nous ressemble pas. Nous n'y sommes pas habitués, nous n'y retrouvons pas nos marques. Et, de ce fait, nous craignons qu'il témoigne de la désorganisation qui semble régner dans la tête de nos enfants, de leur indifférence aux liens qui nous unissent, de leurs valeurs qui nous sont étrangères ou encore de leur malaise à vivre avec nous.

Mais c'est nous, leurs parents qui voyons les choses ainsi, qui nous inquiétons et interprétons le désordre. Pour les enfants, il en est tout autrement.

Paulette prend un café avec sa fille Pauline, 24 ans, maintenant indépendante, qui travaille et vit dans son propre appartement. Elle est partie depuis presque un an, privant Paulette de sa présence joyeuse. La discussion devient un brin nostalgique et elles en arrivent à parler de l'enfance de Pauline, de leurs disputes et de leurs tendres réconciliations. Évoquer les disputes les conduit à parler de la chambre de Pauline dans laquelle régnait jusqu'à il n'y a pas si longtemps un désordre phénoménal !

– Quand je vois ton intérieur si bien rangé, j'ai du mal à te reconnaître ! Qui t'a transformée ? Comment as-tu fait ?

Pauline répond avec un air malicieux :

– C'est vrai, maman, tu n'as pas compris ? Le désordre de la chambre d'enfant est et sera toujours un piège à mamans !

– Un piège à mamans ?

– Ben oui, le désordre empêche les mamans de venir squatter quand on n'en a pas envie et les empêche de fouiller dans nos affaires pour découvrir nos secrets.

– Mais quels secrets ?

– Oh, tu ne changeras jamais ! De toute façon, j'ai oublié. Mais en CM2 et au collège, c'était hyperimportant ! Avec Emma, on adorait se déguiser avec tes affaires, préparer des spectacles avec nos micros quand tu n'étais pas là... On n'avait aucune envie que tu viennes nous faire des remarques et nous proposer des jeux de société pour qu'on ne s'ennuie pas !

Le désordre n'est ni malaise, ni rejet, ni confusion dans la tête, mais juste un piège pour les mamans... et l'affirmation d'un immense besoin d'intimité. La chambre des enfants a beaucoup d'importance dans leur processus de maturation. C'est d'abord un fabuleux espace de jeu, à l'abri des regards critiques des adultes, un lieu où se développe leur autonomie, une aire d'expression investie par leur don d'imagination où se jouent, en secret, des scènes et des situations de grands. Le désordre et les secrets qu'il recèle encouragent la découverte de soi et la liberté de rêver en toute sécurité.

Si, par hasard, nous voulions fouiller le désordre de nos enfants – ce que, bien entendu, nous ne ferons jamais et quand bien même, jamais nous ne l'avouerions – qu'y trouverions-nous ?

Des cartes postales avec des cœurs et des décalcomanies, des tickets de cinéma, des carnets cadenassés, du papier-cadeau, des images cachées derrière le lit, des cartables remplis d'objets autres que les affaires scolaires, des vêtements aux poches pleines de babioles, etc. Tous ces objets racontent que nos enfants gardent pour eux :

– des expériences dont ils aiment le souvenir, qui les émeuvent ou les troublent ;

– leur manière personnelle de traiter leurs problèmes et qui attestent de leur caractère et de leur énergie. Par exemple, Lili a perdu son cher ourson Ludo. Mais au fond de ses tiroirs, dans ses cahiers, sous son lit, Ludo continue d'exister à travers ses dessins. Lili déteste parler de Ludo ; mais dans la quiétude de sa chambre, elle adore parler avec Ludo et, le faisant ainsi exister dans son imagination, elle réussit à oublier la tristesse causée par la perte de cet objet important ;

– des visions possibles d'eux-mêmes : personnages en poster, poupées Barbie, héros de magazine sont les témoins inconscients de leurs premières identifications et de leurs aspirations secrètes. Emma et Pauline, lors de leurs spectacles, s'imaginaient être Britney Spears et Rihanna, c'est-à-dire des filles belles, douées, à l'aise et aimées par plein, plein de gens !

La présence durable de ces objets éparpillés dans le désordre de leur chambre et dans leur tête indique combien ils ont besoin de leurs secrets pour favoriser une réflexion sur eux-mêmes et sur leurs relations avec les autres, apaiser les tensions familiales, trouver des manières de réagir, rêver, tout simplement, et se promener dans leur jardin secret, pour mesurer leurs sentiments et parvenir à les dépasser. Leurs secrets sont importants, parce qu'ils peuvent les consulter chaque fois qu'ils en éprouvent le besoin. Ils y reviennent, se les rappellent, les retrouvent et y découvrent d'autres aspects jusqu'alors inconnus.

S'immiscer dans les secrets de nos enfants est surtout source de peine et de malentendus. Hors contexte et sans le décodeur nécessaire pour déchiffrer leur logique (en l'occurrence le sens du désordre), nous risquons une grande inquiétude qui va nous pousser à nous raconter des films catastrophe et, surtout, à passer à côté des vraies réponses.

Le cartable : un appel à maman... et à d'autres

Le cartable est un objet très investi qui a beaucoup d'importance dans la vie quotidienne des enfants. D'abord, il correspond à un choix personnel (guidé secrètement par l'approbation attendue des pairs) ; puis il devient un accessoire de mode (dont le secret est sa signification identificatoire) ; enfin, c'est un lieu de stockage de matériel scolaire, mais aussi d'objets superflus, mais néanmoins absolument indispensables, plus nombreux parfois que ceux qui concernent l'école.

Le cartable est une sorte de chambre en miniature : des choses visibles et montrables aux parents cohabitent avec d'autres dissimulées à la vigilance adulte et qui doivent rester invisibles. C'est lui que l'enfant transporte lorsqu'il quitte le nid rassurant de sa maison pour affronter, seul, le dehors. Transportable, il a une fonction de liaison entre l'intérieur et l'extérieur, le connu et l'inconnu, et ce va-et-vient régulier d'objets superflus répond à un besoin de continuité et à un besoin de découverte.

Bien entendu, les secrets de l'enfant se trouvent mélangés à d'autres superflus indispensables, et nous ne prenons que rarement conscience de leur existence. Cependant, du fait peut-être qu'il peut circuler partout, le cartable est moins perçu comme une cachette que la chambre ; il apparaît plutôt comme un lieu public et périodiquement accessible, ce qui lui donne un caractère réconfortant tant pour les parents que pour l'enfant. Nous savons que, dans certaines situations, nous pouvons l'ouvrir sans culpabilité ou autres états d'âme. De son côté, l'enfant sait que, s'il se trouve en difficulté, nous saurons découvrir ses secrets et l'aider à nous en parler.

De ce fait, si nous devons fouiller dans le cartable, par exemple pour signer le cahier de correspondance ou régler l'oubli répétitif des affaires de basket, nous risquons de découvrir deux types de secrets. Les uns permettent à l'enfant de se sentir en sécurité et de se rassurer en cas d'inquiétudes imprévues ; les autres illustrent leur volonté de transgresser des limites, des conventions familiales ou sociales. Ce sont en général des petits secrets qui n'ont pas vocation à être révélés. Même les enfants font comme s'ils n'étaient pas au courant.

Ces petits secrets ne se partagent pas, car les enfants peuvent être troublés par ce qu'ils imaginent révéler d'aspects négatifs d'eux-mêmes. Cependant, à la faveur d'un lapsus, parfois au cours d'une discussion avec un adulte, le secret est dévoilé, et l'enfant soulagé. C'est alors qu'ils peuvent raconter ce qui les trouble et les préoccupe. Au fond, ces petits secrets sont les pions d'un jeu de piste. C'est ainsi que les enfants procèdent quand ils ont des soucis : ils laissent des indices à l'intention des parents en s'arrangeant pour qu'ils les trouvent, tôt ou tard.

Léa, petite fille blonde, bouclée, volontaire et rigolote, quitte sa famille tous les matins pour se rendre en classe, CE2. « Quelle idée de demander tant d'affaires aux enfants ! » s'exclament ses parents, la regardant s'en aller lentement, sous son lourd cartable Hello Kitty. Un jour, étonnée par l'absence de devoirs, sa mère cherche le cahier de textes dans le cartable et le déniche, sous peu de livres, mais beaucoup de jouets ! Intriguée, elle attend le moment opportun pour parler à Léa :
– Aujourd'hui, j'ai compris pourquoi ton cartable est si lourd, ma chérie !
– Pourquoi ? interroge Léa, en se balançant sur ses petites jambes.
– En cherchant ton cahier de textes, j'ai rencontré beaucoup de monde : Nala et Simba, Barbie Princesse, trois Polly Pocket et Belle, Bulle et Rebelle... Ça fait lourd, cette foule sur tes épaules !
– C'est que j'en ai besoin en classe..., répond Léa, à petite voix tout de même.
– Mais que font-elles, en classe, Belle, Bulle et Rebelle ? Elles font des maths avec toi ?
– Mais non, elles jouent avec moi, parce que je n'aime pas faire les maths !
– Pendant la classe ? Avec la maîtresse ?
– Ben oui, je sais qu'elles sont dans mon cartable et quand la maîtresse dit n'importe quoi, je les touche et les fais jouer dans ma tête et puis, à la récré, elles rigolent sur la maîtresse...
– Hmm... mais comment ça se fait que la maîtresse raconte n'importe quoi ?
– Mais parce que personne, à part Léo, ne comprend ce qu'elle dit !
– Et toi ?

– Mais moi non plus, je ne comprends pas ce qu'elle dit. Moi, j'aime mieux jouer que faire des maths et, à la maison, je n'ai jamais le temps !
– Tu n'as pas le temps de quoi, à la maison, ma chérie ?
– Mais, de jouer, maman !
À travers cet échange, la maman de Léa put éclaircir instantanément deux mystères : d'abord pourquoi le cartable était si lourd, et puis quel secret masquait cette indispensable abondance d'objets. Cachés dans son cartable, les jouets permettaient à Léa de continuer sa rêverie nécessaire à son bien-être imaginaire. C'était merveilleux de pouvoir continuer à l'école ce qu'elle n'avait pas eu le temps de terminer à la maison ! Et la rêverie évitait à Léa de penser à ses difficultés en maths et aux moyens de les dépasser. Puisque même Belle, Bulle et Rebelle rigolaient de la maîtresse, il n'y avait, pour Léa, aucun problème !
– Mais si tu ne comprends pas la maîtresse pourquoi tu ne nous l'as pas dit ?
– Je n'aime pas quand tu te fâches, répond Léa, les yeux mouillés. Et puis, la maîtresse ne m'a pas dit de le dire !
– Bon, on va faire quelque chose pour que, comme Léo, tu comprennes des trucs en maths.
– D'accord, mais tu ne vas pas me prendre mes jouets !
– S'ils t'aident à écouter la maîtresse, non, je ne te les prendrai pas ! Sinon, je ne sais pas, je dois réfléchir.
Le lendemain, la mère de Léa raconte cette histoire à une amie, qui a vécu le même épisode avec Ninon, sa fille du même âge :
– Moi aussi j'ai découvert une tonne de jouets dans son cartable et, après une enquête approfondie, j'ai compris que ses jouets la protégeaient des disputes avec ses amis. S'ils ne veulent pas jouer avec moi, je pourrai m'occuper, m'a-t-elle dit. Mais moi, je n'aime pas savoir Ninon inquiète et seule avec ses questions !
– Moi je n'aime pas savoir Léa nulle en maths et fière de l'être !

L'histoire de Léa et Ninon est exemplaire à deux titres : les enfants transportent partout avec eux les secrets dont ils ont besoin. Lorsqu'ils deviennent publics, ces secrets adressent aux parents une demande d'aide déguisée : débloquer une situation chronique (Léa), surmonter des moments difficiles (Ninon) – les aider à grandir, en somme. Une même manifestation cache des raisons différentes. Donc, il est vraiment important d'écouter, d'observer pour connaître l'enfant et trouver les paroles justes qui aident et font réfléchir.

> Tristan, 9 ans, adore les Transformers. Il n'en a jamais assez. Seulement voilà, ses parents ne sont pas d'accord pour en acheter tous les jours et Tristan doit attendre qu'arrive le temps des cadeaux. Et c'est long ! En attendant, Tristan joue dans la cour de l'école avec des camarades qui eux ont des parents plus compréhensifs… ou plutôt, et surtout, qui possèdent les sujets qui manquent à Tristan. Tristan a bien sûr le héros bien-aimé de tous, Optimus Prime (roi des gentils), mais pas Mégatron, le roi des méchants. Et sans un méchant pour glorifier le gentil, ce n'est pas vraiment pas du jeu !
>
> Tristan joue donc, ce vendredi, avec Julien qui a Mégatron, le veinard !
>
> Le jeu est intense, la lutte féroce, les deux héros s'attaquent, se cachent, se surprennent. Mégatron, le rusé, pare les coups d'Optimus Prime et se dérobe dans le cartable de Tristan, juste au moment où il faut se séparer, quand leurs mères arrivent plus pressées que jamais. Elles n'ont pas une minute à perdre et nos compères sont arrachés l'un à l'autre sans même se dire au revoir. Mégatron est resté caché dans le cartable de Tristan, qui, le sachant, n'en pipe mot !
>
> Le week-end se déroule comme d'habitude. Lundi, Julien n'est pas en classe. Mardi, Tristan n'a pas envie de jouer. Julien non plus car il ne sait plus où est passé son Mégatron. Tristan lui, le sait bien, mais se tait. Comme il est heureux de savoir Mégatron dans son cartable, bien à l'abri sous les cahiers !
>
> Mardi soir, Tristan raconte à plusieurs reprises à ses parents : Julien a perdu son Mégatron ! Les parents écoutent sans faire de commentaires.
>
> Tristan questionne ses parents : Papa, comment ça s'appelle quand on prend les affaires des autres ? Son père, étonné,

répond promptement que ça s'appelle voler. « Comment ça voler ? » réplique Tristan un peu inquiet. « Mais quand c'est un oubli ? » Tout aussi promptement, le papa de Tristan explique qu'un oubli est un oubli, mais que si on ne rend pas les affaires, ça peut être un vol.

– Hmm !

Un peu plus tard, Tristan recommence à raconter l'histoire de Julien et de son Mégatron perdu.

Jeudi, Tristan n'a pas envie d'aller à l'école. Il se plaint d'avoir mal à la tête et d'être fatigué. Les parents insistent, mais Tristan, c'est vrai, n'a pas l'air bien. Il est morose et gris. « Qu'il se repose un jour. Il sera bien en forme demain ! »

Vendredi, Tristan n'a toujours pas envie d'aller à l'école. Mais les parents sont fermes, leur décision est sans appel : « Tu iras à l'école, un point c'est tout ! »

Dans la cour de récréation, Julien, plein d'espoir, interpelle son ami :

– Tristan, tu sais j'ai trouvé mon Mégatron !

– Ah bon, répond Tristan, pas rassuré du tout !

– Oui, je crois qu'il est resté dans ton cartable !

– Ah non ! s'écrie Tristan en se carapatant à toutes jambes. Non, je ne crois pas !

– Mais si, je t'assure, reprend Julien en essayant de se faire entendre.

Tristan est déjà loin, sauvé par l'heure des mamans !

Le week-end arrive et de nouveau Tristan remet sur le tapis la triste histoire du Transformer égaré. Les parents s'interrogent : pourquoi nous parle-t-il autant de cet épisode de gosses ?

Lundi matin, Tristan n'a toujours pas envie d'aller à l'école.

Mais son père est décidé : il l'accompagnera lui-même en voiture. Le père de Tristan attrape le lourd cartable de son fils pour le caler sur le siège arrière. À ce moment précis, devant un Tristan décomposé, le cartable mal fermé s'ouvre et tout ce qu'il contient tombe sur la banquette. Sous le barda, une couleur rouge attire l'œil du père, tout à coup attentif. Il s'approche et trouve le Mégatron dont il a tant entendu parler au milieu des cahiers et crayons !

Entre père et fils, le moment est grave !

C'est toujours comme ça ! Des choses importantes se passent quand on est pressé, quand le temps manque, quand les priorités sont ailleurs !

Le père de Tristan réfléchit quelques instants tout en regardant son fils intensément. Il s'agenouille à sa hauteur, pour bien saisir son regard, et dit :

– Je pense que Julien va être content de retrouver son jouet ! Tu le lui rendras dès que tu arriveras à l'école. Et tu lui diras : « Excuse-moi Julien de ne pas te l'avoir rendu plus tôt, mais je ne m'en étais pas aperçu. Et quand je me suis aperçu que je l'avais, j'ai aimé le garder un jour de plus, pour jouer avec. Mais voilà, maintenant je te le rends et te remercie de me l'avoir prêté un peu. »

Tristan, agité et penaud, acquiesce.

Comme pour s'assurer que son fils a bien tout retenu, le papa lui fait répéter ce qu'il doit dire. Tristan bougonne comme il peut : « Je regrette, je savais pas, j'ai oublié, mais je lui rends et je lui dis merci. »

Le soir son père se renseigne sur l'issue de cette aventure. D'après Tristan, ça s'est plutôt pas mal passé.

– Super ! Alors, c'est le moment que toi et moi nous parlions comme des grands ! On va parler de choses que tu vas beaucoup aimer : de confiance, d'amitié, de respect.

Comme quoi dans le cartable, il y a aussi des appels à papa !

Cette petite histoire, relativement fréquente, nous éclaire sur beaucoup de points :

– d'abord, elle nous confirme que le cartable est un lieu redoutable de petits et grands secrets ;

– ensuite, que certains secrets sont trop lourds à porter pour les enfants qui se débrouillent à leur façon pour nous les dire. Tristan a tout raconté à ses parents, indirectement, avec espoir et crainte. Espoir d'entendre que ce qu'il a fait est bien ; crainte, bien sûr, de la sanction qui allait tomber car, au fond de son cœur, il savait que c'était mal ! D'autre part, si on se demande pourquoi Tristan a tellement répété cet événement à ses parents, on peut se dire que c'est parce qu'il voulait qu'ils sachent ! Qu'ils sachent et qu'ils l'aident à résoudre ce conflit intérieur pénible où s'opposaient, tels Optimus Prime et Mégatron, le plaisir de garder le jouet pour lui tout seul et l'obligation morale de le rendre.

Par ses répétitions et ses questions, Tristan tentait aussi de sonder ses parents, d'examiner leurs réactions, d'entendre leur avis. Demandons-nous maintenant pourquoi le cartable s'est ouvert à ce moment précis, si opportunément. Nous serons nombreux à penser que l'ouverture de ce cartable n'est pas franchement le fait du hasard. Inconsciemment, Tristan voulait que ses parents connaissent son secret : sans préméditation, il a mal fermé le bouton, le sac s'est ouvert et la vérité est apparue en pleine lumière. Par ailleurs, que penser de la réaction du père de Tristan ?

D'abord, il a paré au plus pressé car il n'avait pas beaucoup de temps. Il a choisi d'aider Tristan à sortir de ce mauvais pas et, de cette façon, il répondait à la demande implicite de son fils. Puis, il a remis à plus tard la discussion avec Tristan car il voulait prendre le temps de comprendre cet acte de transgression.

Enfin, sur un plan personnel, il avait lui-même besoin de se préparer psychologiquement, se convaincre de ne pas s'emporter et écarter définitivement l'idée bouleversante d'avoir un fils voleur. Penser au caractère de Tristan, à ses points forts et à sa sensibilité, prévoir ses mots pour toucher son fils, élaborer une stratégie pour que Tristan réfléchisse à son tour et sans honte.

En lui-même, il se disait qu'il aurait aimé s'énerver et crier un bon coup ! Gronder Tristan et l'accabler ! Cette réaction l'aurait peut-être soulagé, mais aurait-elle servi à quelque chose ? De son expérience personnelle d'ancien petit menteur, il avait appris que ce type de stratégie s'avère inefficace et tout à fait inutile ! Elle ne sert qu'à renforcer la honte, le secret et le mensonge.

L'histoire de Tristan et de Mégatron nous laisse également supposer qu'entre secret et mensonge, il existe des liens directs. Derrière le mensonge il y a souvent un secret, comme derrière le secret, il y a parfois un mensonge. Nous y réfléchirons plus loin.

Les gros ou les petits secrets du cartable, du sac, du tiroir, de la commode, recèlent en général, incontestablement, des appels aux adultes.

Le cahier personnel : un clin d'œil à maman

Parmi les cachettes les plus prisées, le cahier personnel, le journal intime, occupe une place de choix[1].

Cahier simple ou customisé, classeur rouge, bleu ou vert, agenda de fille ou de garçon, journal intime verrouillé par un cadenas symbolique, ils sont autant de supports à de riches tête-à-tête de l'enfant avec lui-même.

Dans les petits cahiers pour grands secrets (ou vice versa) l'enfant s'adresse à lui-même et se raconte, absolument convaincu qu'il ne sera jamais trahi. C'est pourquoi ce cahier doit obligatoirement rester secret afin de garantir au contenu authenticité et sincérité et ne pas altérer l'image de soi qui s'élabore dans le récit.

1. Nous tenons à remercier très chaleureusement tous les enfants qui ont accepté de nous parler de leurs petits cahiers pour grands secrets et qui ont bien voulu nous en faire partager quelques-uns. Et tout cela, ont-ils dit « pour aider les parents à ne pas s'énerver et à accepter que même si on ne leur dit pas tout, on les aime quand même ! ».

Ainsi, dans son cahier, l'enfant se dérobe à nos regards souvent interrogatifs malgré nous et se parle à lui-même, dans une intimité qu'il construit en même temps qu'il écrit.

Si nous sommes attentifs, mais discrets bien sûr, nous pouvons remarquer les moments où il se prépare à ces rendez-vous avec lui-même. D'abord, il se retire dans sa chambre sans qu'on ait à lui demander d'y aller. Puis, il s'entoure d'objets absolument nécessaires à cette tâche : stylos, Bic, crayons, gommes, décalcomanies et doudous de toutes sortes.

Il occupe l'espace différemment de la manière dont il fait ses devoirs ou d'autres corvées quotidiennes. Assis à son bureau, ou par terre, ou en tailleur sur son lit, il cache le mieux possible son cahier à secrets et s'installe pour créer son espace d'intimité. Avec son cahier préféré, il s'isole, se ressource, se passionne et s'émerveille de ce qu'il est en train de faire.

L'intérêt augmente si la maison est vide, comme c'est le cas lorsque tout le monde est sorti faire des courses. Dans ces moments-là, écrire permet de se sentir protégé contre toute intrusion.

Dans l'organisation familiale, ces petits rituels aident à se développer. Ils rappellent à l'enfant son droit au secret et l'invitent à l'autonomie. Ils lui permettent de se détacher un moment de ses parents qu'il décrit autrement, d'abord en pensée, puis par écrit, dans d'autres postures que celles de l'adulte commandeur et avec un regard plus critique que celui qu'il est tenu d'avoir à leur égard. Pour les parents, ces petits rituels du cahier personnel rappellent que l'enfant a droit à ses secrets et qu'il a besoin de se connaître, avec des idées différentes de celles que ses parents lui rappellent chaque jour.

Les enfants commencent très jeunes à garnir les pages de ce cahier, souvent dès le CE1. Ces débuts sont soudains, déclenchés la plupart du temps par la découverte de l'écriture et de ses pouvoirs, par l'imitation des grands ou des meilleurs amis, par le plaisir d'utiliser le cahier, ce cadeau très apprécié, par ennui, ou encore par le hasard quand, un jour, ils essaient de retenir le temps, l'espace d'un moment.

Que racontent-ils à leur cahier à secrets ?

Sans censure, truffés de codes indéchiffrables (initiales, mots pris pour d'autres, décalcomanies, etc.), ils bloquent prudemment l'accès à tout le monde pour pouvoir écrire tout ce qui leur vient à l'esprit !

L'essentiel de ces textes est intime, même s'ils paraissent anodins pour un lecteur extérieur. Cette intimité est le fruit de leur subjectivité. Le propos est issu d'un contexte qui n'est pas toujours relaté, mais qui les influence grandement.

Pour nous, parents, ce constat est important. Car, si à nos yeux les récits de nos enfants sont insignifiants, eux ne les vivent pas ainsi. Et si nous venons à découvrir leurs textes, comme c'est de temps en temps le cas, attention, abstenons-nous de toute critique intempestive, moquerie gentille ou remarque sur l'orthographe. Nous risquerions de les blesser et de bloquer maladroitement leurs élans vers nous.

Que racontent donc nos enfants dans ces cahiers ?

Ils rapportent le bilan de la journée. C'est très important pour faire comme les parents avec leur inséparable agenda !

« Chronique du lundi 13[1].

Le matin nous nous sommes préparés pour aller en classe. Une heure plus tard, nous sommes allés en récré. La neige était

1. Toutes les fautes d'orthographe qui figurent dans les textes des enfants sont reproduites fidèlement.

toute dure. On a fait des bonhommes de neige, on a fait des stalactites, de la luge et on a discuté. Dix minutes plus tard, on est rentré en classe. Nous avons montré à la classe de CM2 des textes. Ensuite, nous nous sommes préparés pour aller au ski. »
Nora, CE2.

Nous pourrions nous demander avec étonnement ce qu'il y a d'intime dans cette petite chronique du lundi 13. Si nous étions Nora, nous apprendrions qu'au moment de sa rédaction, ce qui était pour elle très personnel, c'était l'allusion à la discussion qui a suivi la luge et la préparation pour aller au ski (se déshabiller puis se rhabiller). Car, pour Nora, c'était la première fois qu'elle se retrouvait seule avec autant d'enfants et autant de choses à gérer. Consigner ces enchaînements d'activités réussis, c'était une façon de se rappeler ses débuts d'autonomie.

Ils réfléchissent, à leur manière à des questions existentielles : la vie, la famille. Très important pour en profiter pleinement !

« Ma vie
Je m'appelle Paul Durand et j'ai 10 ans et demi.
J'habite au 1 rue des Fleurs, au 4e étage.
Ma chambre est bleue avec plein de posters des Bleus. Dans ma chambre j'ai aussi un lit, un lecteur CD et des BD.
J'adore les Bleus car je trouve qu'ils jouent bien.
Je sais pratiquement tout sur eux. Je suis incollable.
J'ai aussi un grand frère qui s'appelle Jérôme et que j'embête à longueur de journée.
Ma maman s'appelle Claire et mon papa s'appelle Louis. À la maison tout le monde est joyeux.
Je suis en CM1. Simon n'est pas dans la même classe que moi. Mai il y a Jules, Nico et Jérémie. Nico apprend l'allemand et moi l'anglais. Mon frère m'embête tout le temps. Il vient toujours

nous demander si ça va et si on joue au papa et à la maman, et des trucs comme ça. Je le déteste. »
Paul Durand

On découvre deux petits secrets intimes dans ce récit très attachant sur la vie d'un garçon de CM1. Le premier se réfère à l'ambivalence éprouvée à l'égard de la famille : je me sens bien dans ma famille puisque tout le monde est joyeux, mais je déteste mon frère ! (et pour que tout le monde continue à rester joyeux dans la famille, une émotion aussi forte que « je déteste mon frère » ne se dit pas à haute voix). Le second secret est l'humiliation infligée par le grand frère qui aborde des sujets de grandes personnes, intéressants et mystérieux : jouer au papa et à la maman tout en narguant les petits et en leur rappelant leur ignorance !

Ils rendent compte de leurs observations critiques pour combler une solitude momentanée. Très important pour faire plaisir à ses parents !

« Mon cahier, cher cahier,
Je voudrais vous dire que le mardi je me suis fait couper les cheveux.
Vous savez, je vous écris un secret. Maman regarde une idiotie à mourir. J'ai lu trois *Astérix* en quatre jours et j'ai adoré.
Cher cahier, je suis en train de jouer au billard. Michaël, gros rapporteur, dit que les personnes de l'hôtel vont supprimer le billard. Quelle sottise. Cher cahier, je suis allé voir les météorites. C'était nul enfin… Maman regarde toujours la télé.
Voilà ma collection de timbres. Suivent des collages de timbres et un découpage du musée d'Orsay. »
Arthur, CE2.

On comprend bien, à la lecture de cette page, le dépit d'Arthur. Il se sent seul, mais n'ose pas se fâcher contre sa maman qui, elle, lui préfère une idiotie. Il se sent peut-être un peu triste et a besoin de tendresse. Son cahier devient son confident et son soutien, un ami qu'il qualifie de « Cher ». Grâce à l'écriture, Arthur se ressource : il critique le gros rapporteur, l'expo sur les météorites et en filigrane sa maman ; il se donne confiance en parlant de sa nouvelle coupe de cheveux, de sa rapidité et de son plaisir à lire les trois *Astérix* ; il évoque sa collection de timbres et sa passion pour cette activité, puis parle fièrement des collages et des découpages qu'il a réalisés.

Il y a fort à parier que, pris dans l'action, Arthur n'ait plus besoin de personne pour l'occuper ou le rassurer.

Son histoire nous montre que l'intimité est un processus intérieur qui permet de trouver la force d'attendre paisiblement pour se suffire à soi-même.

Le secret d'Arthur est très explicite : on lit sa frustration et son ressentiment envers sa mère qu'il perçoit comme indifférente et lointaine !

Mais toute frustration écrite est une frustration contrôlée, canalisée et structurante qui permet de trouver en soi les moyens de progresser.

Ils démythifient le pouvoir des parents, traités autant avec amour qu'avec dérision. C'est très important pour réduire leur influence et leur pouvoir !

Voici un extrait du journal de Pauline, CE2 :

« Paulette contre Lunator
Il était une fois une très jolie petite fille qui s'appelait Paulette. Quel petit cœur avec ses cheveux châtains, son petit bidon rond et ses mignons petits yeux bleus ! Elle était jeune, elle n'avait que 45 ans et demi.
Mais hélas, à ses 10 ans, Lunator l'enquiquinant, lui jeta un terrible sort. Paulette sera myope jusqu'à la fin de sa vie.

Lunator était vieux (5726 ans 1/2) moche car il a un gros nez vert tout poilu, des pieds violet et tordu et il ne savait pas s'habiller. Comme son nom l'indique, il enquiquine le monde car il s'ennuie à mourir dans les entrailles de la terre. Les seuls gens qui le connaissent sont les morts qui ont eux des lunettes.
Quant à la jolie petite Paulette, un jour qu'elle se promenait à côté de la grotte Dépouri, elle entendit exactement ça :
Moi Lunator l'enquiquinant, je vais jeter des sorts encore plus terribles aux gens, comme ça, je pourrai vendre mes lunettes KK.
Quelle horreur ! s'écria Paulette. Il ne faut pas que ce débile fasse n'importe quoi ! Super-Paulette doit agir.
Alors, la jolie petite enfant courra chez elle et en arrivant sa mère Dany lui cria dessus et lui dit :
– Le professeur a appelé, j'aimerais des explications ! Il a dit que tu disais des gros mots et que tu perturbais la classe.
– C'est pas moi d'abord, et puis moi, je ne dis pas de gros mots. C'est le prof. Et puis merde ! Je suis occupé, je dois faire un truc.
Paulette monta dans sa chambre, chercha pendant une heure son costume de super-Paulette et perdit trois heures à l'enfiler car elle confondait la tête et les pieds. »

Voilà comment Pauline parle de sa propre mère dans son cahier à secrets ! Et voici comment dans le secret de ce récit, la maman de Pauline devient un petit enfant maladroit (qui confond sa tête et ses pieds) sans autorité, perturbateur, grondé à son tour par sa maman sévère et fâchée. Dans cette position, Paulette n'a plus ni pouvoir ni emprise ! Les rôles sont inversés : Pauline, inconsciemment dans le rôle de Dany, sermonne sa fille comme le ferait une mère.

Un autre secret se cache entre les lignes de cette histoire. L'enfant s'amuse à transgresser certaines règles familiales comme « pas de gros mots à la maison ! » en utilisant justement des gros mots : « Lunettes KK, merde ». La transgression est une forme d'opposition (dans le cas de Pauline, passive et canalisée) à la suprématie parentale. Les enfants en ont besoin. Ils ont besoin de nous scruter, de nous provoquer, de nous tester pour mesurer leur pouvoir face au nôtre. Pour se détacher de nous, en toute confiance. Tant que cela reste contrôlé, comme dans le récit de Pauline, tout va bien. Ils prennent conscience de leur esprit critique sans faire de mal à qui que ce soit, puisqu'il s'agit d'un secret, et apprennent à gérer leur ambivalence.

Ils inventent des histoires pour se mettre en valeur et s'encourager. C'est très important pour plaire à sa maman !

Telle cette histoire de « L'éléphanteau en classe » qu'a écrite Nina (CP) :

> « Dans la rue des marguerites il y avait une école qui s'applait l'école des marguerites. Dans cette école il y avait deux fille charmante. La plus grande s'appelait Florale et la plus jeune Tina. Florale était en CE2 B et Tina en CP C. Florale était très bonne en classe et Tina aussi. Florale savez bien faire ses devoirs. Mais Tina n'était pas encore habituée au devoirs. Florale l'aider à lire : elle lui faisez lire des mots et des tcstes. Un beau matin d'été, la cloche sonna comme tout les matins et le directeur dit : mes chers enfants, j'ai lu dans le journal qu'une éléphante du zoo s'était échapper, alors soyons prudents. Après il passa dans la coure de Tina et redis la même chose. À la sortie de l'école, Tina vu l'éléphante elle couru prévenir Florale. Mais Tina avait eu tort, car l'éléphante était très gentille. Elle voulait visitez l'école pour inscrire son gros éléphanteau de 500 cilos à l'école des marguerites. Tina rassura Florale et elles partirent dans leur maison. Le lendemain matin dans la cour de Tina se trouvé l'éléphanteau de 500 cilos. Tina et Florale avaient très peur. Mais Tina couru dans la cour pour arriver chez le directeur accompagnée de tous les enfants. Les enfants dirent au directeur Tina et Florale nous ont sauvé de l'éléphanteau ; alors le directeur dis merci aux filles et renvoya l'éléphanteau. »

Dans cette histoire qui finit bien, des éléments quotidiens et précis – la cour des grands et des petits, l'intitulé exact des classes – se mélangent aux purs produits de l'imagination de l'enfant. C'est par un mélange d'observation, d'imagination et d'aspiration que nos enfants expriment ce qu'ils éprouvent et ce qui les préoccupe.

Le conte de l'éléphanteau de 500 kilos est en fait un récit où se mêlent l'intimité et l'entraide de deux sœurs. Chacune fait du bien à l'autre : la grande aide aux devoirs et la petite rassure contre la peur. La force du lien est perceptible, malgré leurs différences bien décrites dans le récit. Chacune, de sa place, contribue au maintien de ce lien. D'où son importance pour l'auteur du texte.

Le secret au cœur de ce conte est l'inquiétude. Celle de ne pas être à la hauteur, de ne pas tenir la comparaison avec des autres qu'on admire, de ne pas satisfaire les attentes des personnages qu'on aime (Tina n'était pas encore habituée aux devoirs). Pour avancer, évacuer cette inquiétude et, surtout, garder sa confiance en soi, Tina[1] met en avant ses qualités personnelles de débrouillardise et d'initiative (Tina se précipite dans la cour pour prévenir le directeur) ; de réconfort (Tina rassure Florale), et de sociabilité (Tina arrive accompagnée de tous les enfants).

Ainsi, dans les pages de son cahier à secrets, elle trouve sa façon de se valoriser et de se reconnaître avec des caractéristiques qui lui plaisent, l'apaisent et la mettent à l'aise.

1. On remarque au passage la similarité des prénoms de l'auteure et de son héroïne, témoin du processus inconscient d'identification.

Ils conçoivent des histoires pour se venger de ce qu'ils vivent comme des injustices. C'est très important pour se calmer !

Babette (CM1) est punie pour une grosse bêtise. Elle est privée de télé, de son émission préférée. Sa frustration est grande, la colère la submerge. Mais que faire puisque ce sont les parents qui commandent ? S'énerver ne sert à rien, Babette connaît bien ses parents, ils ne flanchent jamais. Au contraire, en cas d'opposition, la punition risque de s'amplifier ou de durer.
Rouge de dépit, Babette s'enferme dans sa chambre (elle claque la porte pour manifester son mécontentement), s'installe par terre et prend à partie son cahier à secrets avec cette édifiante histoire :
« Ce matin, j'ai renversé quelques gouttes de chocolat chaud sur la table de la cuisine. La gifle de ma mère tomba comme la foudre sur ma petite joue. Elle me gifla et me gifla ! Mon père m'a giflé aussi, sur l'autre joue.
Je sentis qu'elles me brûlèrent comme les feux de l'enfer. La marque des doigts de ma mère resta pendant trois semaines. Ce n'est pas juste ! Je les hais ! Je les déteste ! »

Qu'il est difficile pour un parent de lire ces quelques lignes qui expriment, en l'exagérant, l'ampleur de la frustration de son enfant. En déformant complètement la réalité (elle accepte tout de même l'idée d'avoir fait une petite bêtise), Babette se place dans la position d'une victime innocente de l'incompréhension parentale qui se fait maltraiter injustement et se sent dès lors autorisée à éprouver des sentiments négatifs à l'égard de ses tortionnaires. L'exagération de son récit l'amène à exprimer des émotions négatives. Elle peut ainsi se venger de ces parents insensibles et durs en s'opposant d'une part à leur autorité (c'est pas juste !) et en leur retirant d'autre part ce qu'ils ont de plus précieux au monde : l'amour de leur enfant (je les hais, je les déteste !).

En se vengeant symboliquement, Babette évacue peu à

peu sa rage et son dépit et commence, enfin, à réfléchir à la réalité des faits.

Se confier ainsi au cahier à secrets sert à se débarrasser de la violence intérieure pour relancer la machine nécessaire au maintien de l'équilibre psychique.

Mais l'écrit de Babette nous montre bien que ce type de secret doit absolument rester secret. C'est la condition de son utilité.

Imaginons le choc et la tristesse des parents de Babette s'ils avaient trouvé son cahier ! Quels malentendus et quelle suspicion en seraient résultés et combien d'efforts il aurait fallu déployer pour rétablir la paix dans la maison ! Un scénario très déplaisant, alors que deux heures plus tard, Babette n'y pensait plus, rassurée et contente d'avoir des parents aimants et justes.

C'est ainsi. Certaines personnes, enfants comme adultes, ont besoin, pour se calmer, de s'énerver d'abord un bon coup, afin de pouvoir évacuer des émotions fortes et embarrassantes qui sont momentanément liées à un contexte particulier et qui doivent rester cachées coûte que coûte pour ne pas gâter la suite des événements.

Ils écrivent même s'ils n'ont rien à dire. C'est très important pour s'entraîner à l'imagination !

> « Une belle histoire :
> J'aimerais écrire une belle histoire, mais j'en connais plusieurs et je ne sais pas laquelle. »
>
> En dessous de ces lignes, une page blanche sur laquelle est collée la photo d'une belle petite fille avec, en légende, le texte suivant :
>
> « Océane Dupont, gentille petite fille de 8 ans est l'auteur de cette belle histoire. »

Le secret, sans conteste, se trouve dans la photo choisie avec soin et dans le texte qui l'accompagne. Océane Dupont clame tout haut qu'elle est une gentille petite fille et annonce qu'elle a besoin de temps pour faire des choix (de l'histoire à raconter). Elle prend conscience que c'est ainsi qu'elle fonctionne (avec du temps), mais, en attendant, elle s'offre une belle promesse (d'écrire) qu'elle tiendra le moment venu.

Le secret confié au cahier a une fonction

Ils rêvent quand ils décrochent de leurs devoirs en classe ou à la maison. C'est très important pour devenir grand.

« J'écris pour parler
Pour pouvoir m'exprimer
J'écris pour crier
Que j'aimerais exister. »
Lydia 11 ans.

En premier lieu, on remarquera qu'il se tisse un rapport émotionnel très fort entre l'enfant et son cahier à secrets. Au travers de ses écrits, l'enfant se construit une image de lui et de son histoire.

Ensuite, nous comprenons que dans ses écrits secrets l'enfant réfléchit. Il décrit sa réalité qu'il interprète et qu'il exprime en paroles. Il cherche sa vérité dans un univers de fiction en mettant ses mots sur ses émotions. Il apprend ainsi l'introspection et, avec elle, il découvre le sentiment d'exister qui le dirige vers la connaissance de soi et des autres, et l'aide à accommoder ses réactions, pour tenir le coup, pour s'encourager. Il traite ainsi ses fragments de vie.

Puis on observe que les enfants trouvent une dimension identificatoire dans l'écriture de leurs petits secrets. C'est faire « comme maman ou papa », par exemple. Le cadeau reçu des parents, cet agenda verrouillé par un cadenas en forme de cœur donne envie de le remplir de choses que les parents ne trouveront jamais. Car ils en font autant de leur côté. Ils écrivent sur leurs papiers ou sur leurs ordinateurs des pages et des pages que les enfants ne verront jamais et qui, pourtant les intriguent tant cela semble les passionner et les détourner de l'attention que leurs enfants attendent d'eux.

Enfin, notre passé d'enfant nous rappelle que ces écrits sont des souvenirs, une trace sincère de notre enfance. Nos enfants écrivent en secret ce qu'ils ne veulent absolument pas oublier. Ils se fabriquent des souvenirs pour avoir du plaisir à les relire plus tard. Petits, ils n'en n'ont pas conscience mais, à l'âge adulte, quand ils redécouvrent leur cahier à secrets, ils apprécient beaucoup de relire leur prose et leurs idées de gamins. Alors, très curieusement, ils se redécouvrent tels qu'ils sont, se reconnaissent, grandis, dans l'enfant qu'ils étaient et s'émerveillent de la stabilité de leur vision du monde et de leur fonctionnement psychique.

Dans le jardin secret, on peut se faire des films

« La fleur de notre secret[1] éclot, sans conteste, dans notre jardin secret ! Jardin secret, voilà un joli terme qui désigne une partie de notre vie intérieure.

Et qui dit vie intérieure, dit déjà une double vie ![2] »

Ces propos de Pierre Assouline sont très justes, parce que le jardin secret est le lieu chéri de notre double vie.

Il s'agit effectivement d'une double vie parce que, contrairement aux faits, aux objets, aux souvenirs qui se nichent,

1. D'après le film de Pedro Almodovar *La Fleur de mon secret*, 1995.
2. Pierre Assouline, *Double vie*, Gallimard, 2001.

comme nous l'avons vu partout dans notre environnement et vibrent occasionnellement en nous, le jardin secret est peuplé de scénarios et de films imaginaires que nous créons pour nous seulement. Les fleurs de nos secrets sont ces images qui défilent dans notre esprit, à notre insu, et qui racontent des histoires dont nous sommes toujours les héros.

Dans ces films, projetés dans un climat de douce rêverie, tout devient possible. À travers les chroniques que nous inventons, nous vivons nos aventures les plus audacieuses, nous relevons les défis les plus fous, nous réalisons nos exploits les plus incroyables. Leur scénario est totalement fictif : parfois allégorique, parfois chimérique, parfois illusoire, mais il est toujours le produit de nos souhaits les plus intimes et de nos besoins psychiques les plus profonds.

La plupart du temps, nos films nous font du bien, et c'est pour cela qu'il est si important de nous abandonner à rêver.

Deux types de films nous habitent : Il y a ceux construits sur la réalisation des profonds besoins de reconnaissance, d'amour, de réussite, de valorisation. Tout est bon alors pour attirer l'attention sur nous, pour nous sortir du lot des gens ordinaires, pour nous hisser à des positions idéales qui nous font exister intensément. Nous créons les autres pour satisfaire de profonds besoins de réconfort et d'affranchissement psychologique. Tout s'organise dans notre tête autour de discussions impressionnantes avec des personnages réels, aimés, mais non disponibles. Ou par écrit, autour de longues lettres que nous écrivons mentalement à ces personnages choisis et dans lesquelles nous expliquons nos sentiments les plus intimes. À l'oral ou à l'écrit, nous débattons dans nos films de sujets majeurs, nous cherchons des réponses à des questions fondamentales qui nous concernent et, au bout du compte, nous trouvons une vérité que nous reconnaissons comme nôtre. Monologues et missives visent à nous ressourcer, à nous autoriser quelques mauvais sentiments et à nous inciter à devenir ou à rester nous-mêmes.

Les premiers portent sur des sujets invraisemblables de sauvetage, d'altruisme, se rapprochant très fort des bandes dessinées ou de la science-fiction. Nous devenons héros de missions impossibles, dotés de qualités exceptionnelles de bravoure et de dévouement. Avec un script théâtralisé et un happy-end garanti, tout est mis en scène pour que nous soyons le point de mire, mais quasiment malgré nous : notre mise en avant est imposée par la situation qui nous oblige à être « grands ». Nous ne sommes alors ni égocentriques ni narcissiques. Nos actions s'adressant à des personnes de notre entourage qui, du fait de notre courage, ne peuvent que nous remarquer et nous aimer ; nous sortons de l'anonymat et nous existons.

Ces rêveries sont universelles ; elles apparaissent à notre insu, adultes ou enfants. Nous les retenons et les cultivons, tant elles nous paraissent vraies et agréables.

Et lorsque la vie nous rappelle à l'ordre, nous revenons à la réalité par un battement de paupières que nul ne perçoit avec un sentiment de bien-être, de confiance, de solidité et de contentement. Notre petite voix intérieure nous murmure : « Quelle belle personne ! Quel beau destin ! » Nous la croyons à cent pour cent et avançons dans notre monde, gonflés à bloc, bien déterminés à lui donner raison en toutes circonstances, comme le raconte le père de Tom :

> J'ai toujours eu en moi deux états particuliers, très émouvants. L'un, la nuit, où je faisais toujours le même cauchemar épouvantable : je passais un examen de mathématiques que je ratais et toute ma vie était détruite à la suite de cet échec, à tel point que je devenais SDF ; et je me torturais avec la question : comment ai-je pu tomber si bas ? L'autre état, c'est clairement une rêverie, toujours la même, qui peut me prendre même au

bureau, dans des moments de creux. Je suis à la fac, dans un amphi surpeuplé en plein cours d'informatique. Le prof est bon, mais distrait, et ne sait pas tenir sa classe. Les gens parlent, s'en fichent et méprisent ce professeur Tournesol. Le cours devient plus difficile et l'amphi chauffe de plus en plus. À un moment donné, un gars se lève et dit : « Eh ! les mecs, j'ai une bombe dans mon sac à dos, vous êtes tous mes otages, c'est pour le fun, on va s'amuser tous ensemble, mais le premier qui bouge, je fais sauter l'amphi ! Et faites gaffe, car je suis aussi champion de fléchettes et le premier qui tente quoi que ce soit va avoir sa tronche épinglée au paper-board. » Une terreur glacée s'empare de l'amphi. Le gars, que j'appelle le psychopathe, approche du prof et commence à vouloir le bizuter. Le prof ne sait que faire, il tente de continuer son cours, mais ramasse des coups de poing chaque fois qu'il essaie de réagir. Un silence de mort règne, on sent la panique gagner l'ensemble de l'amphi, on sent physiquement la détresse et l'impuissance qui paralysent les présents. Au moment où le psychopathe sort une fléchette pour la vriller sur le prof, une voix forte résonne dans l'amphi : « C'est nul ! Et même pas marrant ! » C'est la mienne, j'ai parlé. Le psychopathe, surpris, me cherche des yeux : « Faites gaffe, je ne rigole pas ! » Je le transperce de mon regard froid et déterminé, je l'immobilise ainsi, je descends sur l'estrade et je le provoque ! Là, je ne sais pas exactement ce qui se passe, car tout s'emballe et je ne vois jamais les détails, mais je sais que par la force de mon intelligence, en lui parlant sans cesse, j'arrive à m'emparer de son sac et à désamorcer la bombe. Une fois que la police arrive et l'embarque, livré par moi tout ficelé avec les câbles des ordinateurs, je commence à trembler pour montrer que je suis quand même humain, et je demande qu'on fasse un peu de café. Les étudiants se ruent sur moi, me remercient avec des larmes de soulagement et des cris de joie, m'assurent qu'ils ne m'oublieront jamais, me prennent en photo et me réservent une place de choix, celle du milieu, mathématiquement au centre de l'amphi ! Après c'est la fête, mais à ce stade l'histoire ne m'intéresse plus.

Ce qui est incroyable c'est que c'est toujours le même scénario

qui se glisse dans ma conscience éveillée. Jamais un autre. Je l'aime bien, il me plaît ! Surtout quand je prends la parole ! Ensuite, quand je reprends mes esprits, je suis content de moi, je me dis : « T'as de la tchatche vieux ! C'est ça ton truc ! »
Je n'ai jamais raconté mon film à personne, je n'avais même pas idée que je le vivais. De toute façon, des trucs comme ça ne se racontent pas, ils se gèrent avec soi. Je vous en parle parce que vous m'avez posé la question de mes films, mais autrement, j'en aurais même honte, c'est tellement puéril ! Mais bon, ça fait du bien à soi.

On reconnaît dans ce récit touchant tous les ingrédients des films de reconnaissance et d'existence : la sortie de l'anonymat, le courage, les qualités d'intelligence exceptionnelles, le sentiment fort d'exister dans le regard de toutes les personnes sauvées et cela pour toujours. Mais cette histoire rocambolesque permet au père de Tom de repérer l'essence de son être – « T'as de la tchatche vieux ! C'est ça ton truc ! » – de se satisfaire de la découvrir comme sienne.

De même, les enfants rêvent sans s'en apercevoir, dans le seul but d'exister intensément, convaincus de leur belle valeur. Comme Marcel Pagnol s'en souvient :

« Dans l'incendie, rien ne pouvait maîtriser mon indomptable résolution. En quelques bonds prodigieux, j'atteignis le haut de l'escalier qui s'effondrait au passage sous mes semelles brûlantes. Je pris Isabelle dans mes bras à travers les flammes qu'elle ne voyait pas car c'est moi qu'elle regardait, je l'emportais légère comme une plume ; d'un coup de pied, j'enfonçai une porte secrète, qui donnait sur une église.
Quand nous arrivâmes sur le parvis, nous vîmes une autre foule qui nous attendait : des milliers de gens criaient leur enthousiasme, mais ils s'écartaient respectueusement pour laisser un passage au héros qui portait son précieux fardeau. »

Ce scénario de Marcel Pagnol[1], déclenché par la naissance de l'amour adolescent, mais intégré dorénavant au répertoire des films personnels qui font du bien, est semblable à celui raconté par le père de Tom : exploit exceptionnel, bravoure et admiration. Or pourquoi les scénarios ne se renouvellent-ils pas avec l'expérience, l'âge et la maturité ? Le père de Tom a répondu en partie : parce que nos films nous font du bien. Ce sont des scénarios éprouvés et sûrs que l'on connaît par cœur (surtout la fin), et que nous avons sous la main en toutes circonstances.

Dans le jardin secret, on débat avec soi-même

Analysons maintenant notre deuxième catégorie de films, celle qui porte sur les besoins de réconfort où nous ne devenons qu'indirectement des héros. Notre rôle est celui du sage qui questionne pour faire prendre conscience. Un problème surgit, un sujet de vie nous interpelle et nous voilà en train de le déployer et de l'étudier sous toutes ses facettes avec ce personnage choisi à qui nous nous adressons en silence et qui, de la même manière, nous donne parfois la réplique.

Une grande charge mentale est mobilisée pendant ces discussions avec nous-mêmes, car nous nous accordons une totale liberté de pensée, tout comme nous nous impliquons avec une honnêteté émotionnelle absolue.

Nos débats intérieurs nous quittent en nous laissant avec une fatigue intense, mais en même temps nous nous sentons comme renouvelés, grandis, transformés par la refonte de nos expériences.

Nous les considérons comme achevés lorsque nous aboutissons à une conclusion qui nous convient et qui, surtout,

1. *Le Temps des secrets*, 1960.

nous convainc parfaitement. En somme, tout rentre dans l'ordre quand nous trouvons la réponse qui deviendra notre guide dans l'action.

Contrairement aux précédents, ces scénarios de réconfort changent souvent en fonction de nos interrogations et de nos préoccupations.

Nous en avons besoin parce que, inconsciemment – même si la raison triomphe habituellement des craintes et des inquiétudes inhérentes à la vie de tous les jours –, nous vivons en permanence avec la peur de ne pas être à la hauteur et la culpabilité de désirer ce qui ne se fait pas. Les scénarios de réconfort visent à gérer ces émotions pénibles, à nous aider à modifier notre point de vue pour vivre différemment le quotidien.

Imaginons, par exemple, cette scène caractéristique d'un des quelques films-débats classiques que se font les parents qui travaillent :

> Ce matin, avec notre copain/copine du bureau, nous échangeons, comme tous les jours, quelques mots sans importance, (en apparence). Il/elle nous dit : « Ah, qu'est-ce qu'il m'énerve mon aîné avec sa jalousie ! Pourtant, je fais tout, toujours pareil pour tout le monde ! » Nous répondons quelque chose de vague et nous vaquons à nos occupations. Aujourd'hui, comme par miracle, nous disposons de notre après-midi. Nous sommes ravis de voler ce moment précieux à nos tâches obligatoires et sommes surexcités de nous retrouver seuls pendant un temps, absolument seuls chez nous, dans notre univers confortable et enfin silencieux. Nous nous promettons de commencer par dormir un peu, question d'avoir la forme pour faire tout ce dont on a envie avant que les enfants rentrent de l'école et que la routine nous piège dans ses enchaînements immuables.
> Étendus sur notre lit, le bras sur le front (pour apaiser les tensions de la matinée), les yeux fermés, la couverture tricotée de tante Lina sur nos pieds glacés, nous voilà prêts pour une heure de

sieste bien méritée. Tout est en place, sauf le sommeil qui ne vient pas. Il ne vient pas car peut-être sommes-nous un peu émoustillés à l'idée de nous retrouver seuls en ce moment dont on doit profiter absolument ! Ou peut-être parce que des petits trucs nous trottent dans la tête. Nous n'avons pas, d'emblée, l'impression d'être en prise avec des soucis quels qu'ils soient, et pourtant...
Voilà que la petite phrase de ce matin au bureau nous revient en mémoire : « Ah, qu'est-ce qu'il m'énerve mon aîné avec sa jalousie. Pourtant, je fais tout, toujours, pareil pour tout le monde ! » On commente mentalement la phrase : c'est normal, c'est dur de partager, tout comme c'est dur de se faire au caractère des autres. On commence à penser à ce qu'on a envie – que tous nos enfants soient pareils, tels que nous nous les imaginons ou tels que nous aimerions qu'ils soient pour nous faciliter la tâche et nous valoriser.
Puis on développe le sujet : on pense à nous, à notre vie, on se dit qu'elle aurait été facile si nous n'avions eu qu'un seul enfant. Puis, horrifiés par cette pensée qu'il faut éjecter au plus vite, nous pensons tendrement à tous nos enfants, à leurs sourires, à leurs jolis yeux ; puis, on commence à les décrire, à s'appliquer à être justes dans la manière de les percevoir.
Alors, les mauvais sentiments pointent à nouveau leur nez, comme incrustés à la table de notre conférence intime, mais on résiste et on continue à décrire nos enfants quand, soudain, on s'aperçoit qu'on a eu pour l'un d'entre eux plus d'expressions, plus d'adjectifs tendres, plus de détails, plus de surnoms, plus d'application, et là le mot préférence commence à s'infiltrer dans notre esprit conscient.
Quelque peu coupables de cette déclaration implicite, nous préparons une contre-argumentation qui tente de dénier les faits : on se force à décrire nos autres enfants de la même façon, on essaie de comptabiliser les adjectifs et les surnoms tendres, on se rappelle les bons moments passés ensemble, mais tout cela ne nous convainc guère. Nous le savons parce que le mot « préférence » habite toujours notre tête et agite grandement notre cœur.

À ce moment précis, un personnage important de notre histoire rentre dans notre scène mentale. Notre tante Lina, qui tout en tricotant pour se détendre, a un regard plein de bon sens sur la vie, sur les gens et sur les problèmes de tout un chacun. Nous aimions beaucoup notre tante Lina, qui vit maintenant très loin de nous, chez sa fille, à l'étranger. Avec l'évocation de ce personnage aimé, la lettre commence à s'écrire ou le débat à s'engager :

« Tu sais, tante Lina, tu me connais, tu sais comme j'aime être mère et comme j'aime mes quatre loustics ! Tu m'as demandé un jour, à la campagne, si j'avais une préférence pour l'un d'entre eux ; non, tu m'as demandé exactement si je me sentais plus proche de l'un d'entre eux ; c'est exactement ce que tu as dit. Préférer et se sentir plus proche, ce n'est pas tout à fait la même chose (?!). Je ne sais plus ce que je t'ai répondu ce jour-là, mais aujourd'hui, j'aimerais t'expliquer un peu plus, comment une mère ressent ses enfants. Tu dois le savoir, pour le comprendre, car toi aussi, tu as eu des enfants et as vécu les mêmes affres que tous les parents du monde. Tu vois, préférer veut dire exclure les autres, en choisir un pour le mettre au-dessus des autres, le préférer en somme, enfin non, lui donner plus ; alors que se sentir plus proche signifie aimer être avec quelqu'un parce qu'on a des affinités, parce qu'on partage les mêmes choses aux mêmes moments, parce que tout simplement ce quelqu'un nous inspire, voilà, et là, l'alchimie ne se commande pas. Tu le sais parce que tu as choisi de vivre chez ta fille ! Et l'alchimie…

Le débat intérieur se poursuit pendant toute la sieste : nous avouons et nous nous rétractons ; nous expliquons et nous argumentons ; nous approfondissons et nous décortiquons notre sujet.

En nous tournant et nous retournant dans notre lit, le sommeil n'est plus du tout au rendez-vous ! En revanche, nous avons, par la pensée, parcouru un long et passionnant chemin. Car l'alchimie nous a conduits à la notion de différence entre les êtres et l'idée de la différence nous a ouvert les yeux sur le caractère unique de nos enfants. Et, à ce stade, nous pouvons expliquer à notre tante Lina (qui a tricoté imperturbablement tout le long de ce débat) que oui, nous n'aimons pas tous nos enfants de la même façon. Et que c'est bien ainsi. Car cela ne vient pas du fait que nous ne sommes pas préparés à cette évidence, mais directement de leur demande insistante d'un amour différent et personnalisé.

Par leur diversité de style, de réaction, de caractère, de besoins… nos enfants nous invitent à un amour spécifique.

Peut-on pour autant parler de préférence ? Bien au contraire : nous devons aimer chacun différemment parce qu'à sa façon chacun est et restera unique pour la vie ! Il n'est donc pas étonnant que notre relation à chacun de nos enfants doive se plier à cette exigence : être une relation unique. Mais sois-en convaincue tante Lina, c'est ce qui les rend plus forts !

La sonnette retentit, notre petit monde arrive ! Fini la sieste et tout le reste. Mais ce n'est pas grave. Au contraire, c'est super ! Car forts de notre débat intérieur, nous tentons de mettre en application cette découverte relationnelle.

En plein boum des activités du soir, une pensée chaleureuse pour notre copain (copine) du bureau nous traverse l'esprit : il ne faut pas que j'oublie de lui dire qu'il est inutile de se prendre la tête avec la jalousie de ses enfants et, surtout avec son désir d'être le plus juste possible. Car plus nous tentons d'être justes et nous inquiétons de ne pas l'être, plus nous poussons nos enfants dans la recherche des inégalités.

Hommes, femmes, adultes, enfants, tous nous avons périodiquement des débats de ce type, avec nous-mêmes. Sur tous les sujets qui nous préoccupent, y compris ce que suppose être parent, chacun à sa façon. Nos enfants procèdent également ainsi. Ils discutent dans le secret de leur jardin personnel avec des personnes aimées qu'ils adoptent dans la réalité ou dans leur imagination[1]. Nos colloques singuliers avec nous-mêmes sont importants et s'imposent à nous, tant il est nécessaire que nous trouvions nos vraies réponses pour avancer en confiance sur notre chemin.

Pourquoi ces débats nous font-ils tant de bien ? D'abord, parce que nous pensons librement, sans censure, sans honte et sans a priori, dans une franchise totale avec nous-mêmes. Ensuite, parce que nous définissons avec exactitude et détermination ce que nous ressentons. Nous ne nous contentons pas d'à-peu-près, mais nous cherchons les mots justes pour décrire exactement ce que nous éprouvons.

Ce faisant, nous découvrons la complexité des choses de la vie, et notre vision du monde devient plus nuancée, nos mauvais sentiments également. Ainsi révisés, ils sont moins douloureux.

En s'adressant mentalement à un personnage apprécié, nous nous sentons entendus et soutenus, ce qui nous encourage à poursuivre notre réflexion et nous rassure dans nos décisions.

Enfin, ces moments sont pour nous un temps que nous nous offrons, ce temps dont nous manquons toujours un peu dans notre course folle vers la perfection. Lorsque ce temps privilégié s'invite à l'improviste chez nous, dans notre espace mental, lorsqu'on se sent nostalgique avec quelques bleus à l'âme, en voiture ou le soir dans notre lit, ne le refusons pas. Laissons-nous aller à songer à ce qui nous importe véritablement.

Comme les peurs irrationnelles de ne pas être à la hauteur des « bons parents » qui se formulent plus ou moins de la manière suivante :

« Ma plus grande peur, en tant que maman, est d'être jugée inapte par d'autres mamans ! Je ne demande jamais de

1. Nous y reviendrons en détail au chapitre 6.

l'aide ; si je le faisais, ce serait avouer que je suis une mauvaise mère ! » Trouvons donc un contradicteur avisé pour débattre de cette question.

Ou encore : « J'aime beaucoup mon travail et le plus dur à assumer, quand on est une maman qui travaille, est la place de maman. Pourquoi ? Parce que, parfois, je me sens coupable d'aimer tant aller travailler. »

Capitulons devant l'évidence de notre sincérité, mais ne culpabilisons pas d'aimer vivre loin de nos enfants. Acceptons que, malgré nous, notre jardin secret nous permet de faire éclore nos sentiments les plus intimes et pousse notre pensée vers l'harmonie. Nos promenades dans notre jardin secret nous renouvellent. Que l'on rêve de gloire ou de reconnaissance, de paix ou de réconfort[1], le résultat est le même : à la fin du film nous sommes ressourcés, plus confiants, plus proches de nous-mêmes et, en même temps, plus détachés des petits soucis qui nous gâchent la vie.

Gardons secrets ces moments privilégiés ! Racontés, ils seraient forcement fades ; hors contexte, ils perdraient tout leur sens.

Tout humain, enfant ou adulte, a des secrets et a le droit d'en disposer comme il l'entend. Nos enfants ont besoin comme nous de leur jardin pour grandir et maintenir leur équilibre psychologique. Leurs secrets traînent partout où nous sommes supposés ne pas les trouver. Et la plupart du temps cela doit rester ainsi. De notre côté, nous devons nous abstenir de les rechercher, de les commenter ou de les critiquer. Car les enfants sont prêts à tout pour conserver leurs secrets. Y compris nous berner gentiment ou nous mentir effrontément.

1. Ces deux types de scripts se complètent d'ailleurs parfaitement et ne sont pas exclusifs.

3

Mensonge et secret

Protecteur du secret, le mensonge nous met à l'abri et nous permet d'occulter les expériences désagréables dont nous détestons parler. À tout âge, il sert à préserver notre intimité de toute intrusion. Pour un adulte comme pour un enfant, il peut être la seule stratégie pour garder un secret important, qu'il s'agisse d'une relation amicale, amoureuse, professionnelle… pour garantir la loyauté, l'attachement ou le dévouement. Le mensonge induit le secret, car même si le fait de mentir protège, il s'agit tout de même d'un acte qu'on ne revendique pas. La forme qu'il prend, son contexte, l'ampleur de l'émotion qui l'accompagne modifient en profondeur la portée du secret. Un petit mensonge peut couvrir un gros secret et inversement.

Des mensonges utiles

Une catégorie de mensonges est nécessaire dans notre vie quotidienne. Toutes les études en psychologie s'accordent pour reconnaître les mensonges altruistes qui protègent de la honte, de l'embarras, de l'humiliation. Ils visent à ménager les sentiments d'autrui : ainsi, on ne dit pas aux gens qu'ils sont mal habillés, qu'ils sont laids ou qu'ils nous ennuient.

Un autre « bon » mensonge est celui qui consiste à taire la vérité pour faire une (bonne) surprise. Cela participe de la surprise elle-même. Ce ne n'est pas un vrai mensonge. Il en va de même pour les mensonges blancs qui protègent l'individu d'une intrusion parfois abusive. C'est, par exemple, le genre de mensonge qu'on apprend aux enfants pour les protéger quand on les incite à prétendre que leurs parents sont à la maison, même si ce n'est pas le cas.

Un mensonge blanc est utile, bénéfique et n'a pas de conséquences négatives. C'est un moyen efficace de faciliter la résolution d'une situation.

De manière générale, enfants et adultes sont à l'aise avec ces deux types de mensonges. Ils les utilisent pour communiquer, se sentir complices et faciliter le dénouement d'une situation pénible.

À chaque âge ses mensonges

Certains pensent que les jeunes enfants sont trop innocents pour mentir. D'autres qu'ils n'ont pas les capacités intellectuelles pour le faire. Pourtant, selon toutes les études en psychologie, les enfants sont capables de mentir très jeunes. Et, en grandissant, ils ne mentent pas plus mais ils apprennent à mieux dissimuler ou à déguiser la réalité. Les enfants ont une autre idée du mensonge que les adultes. Mais certains mensonges sont nécessaires. Il nous est arrivé à tous de mentir, et toujours pour de bonnes raisons. Par ailleurs, contrairement aux idées reçues, les filles ne sont pas meilleures menteuses que les garçons.

Mentir c'est *délibérément* camoufler et distordre la réalité d'un fait. Le mot clé de cette définition est le mot « délibérément ». Il pointe la notion d'intention, de préméditation et d'anticipation.

C'est l'intentionnalité qui fonde le mensonge et le classe selon son importance parmi les actes plus ou moins négatifs. Les enfants, et particulièrement les tout-petits, déforment la vérité sans pour autant en avoir l'intention. Incapables de faire la différence entre mensonge et vérité, ils inventent des histoires et n'opèrent aucune distinction entre la réalité et leurs fantaisies intérieures. Leurs mensonges reflètent souvent l'idée qu'ils se font de la réalité. C'est pourquoi on ne peut les considérer comme des mensonges intentionnels.

Qui n'a pas vécu ce genre d'histoire ?

La maman de Nora raconte : Un samedi pluvieux, il est impossible de sortir en promenade. Lucie et Nora (3 ans et 4 ans) sont de bonne humeur, rient, bavardent, se chamaillent, puis se postent devant moi, le regard perçant :
– Maman, qu'est-ce qu'on va faire maintenant ?
Aïe ! J'avais plutôt envie d'un bon bouquin, mais voilà que mes filles me ramènent à la réalité d'une mère un samedi matin.
– On va voir, on décidera plus tard.
Mais elles veulent faire quelque chose tout de suite.
– Et si vous alliez vous reposer un peu ?
– Non, maintenant !
– Allez jouer un peu dans votre chambre, pendant que je termine ce que j'ai à faire. Je m'occuperai de vous après.
Elles partent alors dans leur chambre. Je vaque à mes occupations en les entendant chuchoter. Tout à coup, plus aucun son ne sort de leur chambre. Inquiète, je me précipite : mes filles dessinent consciencieusement sur les murs de leur chambre avec des feutres multicolores !
– Mais que faites-vous ? dis-je, stupéfaite.
– Rien ! disent-elles en continuant.
– Rien ? Et ces gribouillis sur les murs ?
À ce moment, les filles s'arrêtent, se tournent vers moi avec des yeux étonnés, les mains et les joues barbouillées de couleurs. Elles s'exclament en chœur :

– Mais… c'est le loup !
– Vous êtes sûres ?
– Oui, c'est le méchant loup !
Mensonge ? Certes, mais mensonge fantaisiste.

Stratégie d'évitement ? Oui, pour échapper à la punition. Ne pas reconnaître sa faute est une démarche courante chez les très jeunes enfants. Problème psychologique ? Certainement pas. Signe de développement ? Absolument.

Avant 4 ans, les tout-petits distinguent assez mal la réalité de ce qu'ils souhaitent, qui devient réalité selon leurs besoins ou leurs craintes. Cela fait partie de leur développement intellectuel. À ce stade, l'enfant n'a pas de désir intentionnel, il raisonne en termes de vrai ou de faux.

Certains nous désarment en disant : « Tu crois ce que tu vois mais ce n'est pas vrai ! » D'autres nous émeuvent, comme cette petite fille qui raconte partout qu'elle a un tapis magique qui pourrait facilement transporter toute sa classe à Disney ! Ou ce petit garçon n'ayant plus aucun contact avec son père qui raconte à tout le monde comment son papa lui rend visite la nuit pour l'aider à faire du bricolage ou de la peinture.

Pour les psychologues, cela s'appelle un mensonge fantaisiste dont il ne faut pas trop s'inquiéter parce que, à 4 ans, mentir n'est pas vraiment un problème. Il s'agit d'obtenir ce qui est convoité, de se protéger contre ce qui est redouté et d'exprimer ce qui est ressenti comme un manque.

À nous donc de faire confiance aux psychologues, mais aussi à notre propre expérience et, surtout, à notre bon sens. Éduquer est notre travail de parent. Utilisons donc les outils psychologiques qui permettront à nos enfants de devenir des adultes solides et équilibrés. Montrons leur notre satisfaction quand ils nous disent la vérité, même si cela est encore compliqué pour eux ; ces moments de communication seront des plaisirs partagés. Puis, petit à petit, cela donnera du poids à l'idée que nous nous faisons de la franchise.

Comme l'a écrit Jean Piaget[1], les enfants sont fanatiques de la vérité. Ils savent que mentir ou tromper, c'est mal. Ils condamnent le mensonge. Tout ce qui n'est pas vrai est faux et celui qui dit des choses fausses est un menteur, même s'il est un gentil ami.

Avant 5-6 ans, ils sont impressionnés par le pouvoir absolu des adultes et leur prêtent un don de toute-puissance. Les parents savent, résolvent, sauvent, apaisent, apportent, arrangent, comprennent... tout. Ce qui signifie qu'ils peuvent lire dans les pensées des enfants et donc débusquer leurs mensonges. Alors, gare à leur colère ! Les très jeunes enfants redoutent les réactions de leurs parents et hésitent à mentir. Pour les mêmes raisons, ils ne mentent ni aux enseignants ni aux éducateurs.

Mais les pouvoirs qu'ils nous prêtent commencent à passer dès 5 ans, âge où ils peuvent *décider* de nous mentir. Il suffit d'un premier petit mensonge réussi pour que l'enfant s'aperçoive qu'il dispose de quelque chose de très précieux qu'on nomme personnalité, identité, intimité, auquel personne, pas même ses parents, ne pourra avoir accès. En même temps, à ce stade, ils savent parfaitement ce que confiance veut dire. Ainsi, nous pouvons leur expliquer, si nous les prenons en flagrant délit de mystification, pourquoi nous n'aimons pas cela, quels seraient les risques et les conséquences du mal qu'ils pourraient faire à quelqu'un. Vers 6 ans ou 8 ans, nos enfants sont déjà convaincus que les adultes n'ont pas toujours raison, alors ils adoptent des attitudes radicales et, si nous leur mentons, ils nous mentent.

Ils font parfaitement la distinction entre un menteur qui

1. Jean-Piaget (1896-1980) est un psychologue suisse, connu pour ses travaux en psychologie du développement et en épistémologie.

trompe délibérément et un autre qui triche par hasard. La notion d'intentionnalité leur est donc acquise. À cet âge, notre rôle est de les inciter à se mettre à la place de l'autre pour qu'ils décrivent ce que l'on peut ressentir lorsqu'on est leurré.

Entre 8 et 12 ans, nos enfants se détachent progressivement de nous pour s'intéresser de plus en plus à leurs pairs. La conscience de soi émerge et, avec elle, se forme la perception qu'on a de soi. Ils aspirent à devenir conformes aux attentes de leurs amis. Le mensonge devient alors un moyen de se faire accepter par eux, d'éviter le ridicule et les humiliations. La pression du groupe est très forte.

Pour les garçons, le père a une grande importance. Plus ils respectent leur père, moins l'influence du groupe les atteint, plus ils affirment leurs jugements. À cet âge, des conflits psychiques peuvent naître s'ils perçoivent un décalage entre une attitude socialement acceptable – dire la vérité – et la loyauté à l'égard des pairs. Pour apaiser leurs doutes, nous pouvons leur parler de la réputation qui noue ou dénoue les relations dans un groupe où règne la confiance.

Vers 10-11 ans, les enfants sont parfois de très habiles menteurs : ils soutiennent notre regard bravement et bâtissent à notre intention de solides histoires pour nous aveugler. Avec l'âge, leurs mensonges sont de plus en plus subtils. Fini les loups et les méchants personnages. En revanche, entre eux, qu'il s'agisse d'amitié ou d'amour, la franchise et la loyauté cimentent leurs relations. Elles sont impérieuses. À l'inverse, les enfants savent repérer les mensonges des autres, cela se vérifie souvent quand on leur ment sur les relations familiales alors qu'il est clair pour eux que ça ne va pas fort à la maison.

Entre 5 et 11 ans, tous ont compris que certains mensonges sont mauvais et dangereux alors que d'autres, les mensonges qui protègent autrui de la souffrance, de la honte ou de l'humiliation, sont nécessaires. Si l'on remercie son hôtesse pour la bonne soirée alors qu'on s'est abominablement ennuyé, on fait un mensonge blanc. Il n'y a pas à regretter ce type de mensonge, disent les enfants, persuadés d'avoir ainsi atteint le bon objectif et d'avoir évité des problèmes. Par extension, où est le problème, pensent-ils, s'ils mentent sur leurs devoirs ou sur l'heure de fin des cours ? De leur point de vue, ces mensonges blancs les protègent de l'inquiétude et des discours moralisateurs des parents et leur permettent de faire ce qu'ils veulent. Ainsi, ils ne blessent personne puisque ce n'est pas un vrai mensonge, songent-ils, et s'il fonctionne pourquoi ne pas l'utiliser quand on en a besoin. Peut-être même qu'un jour il se transformera en vérité... C'est comme ça que les enfants raisonnent... jusqu'à un certain point. Car en leur for intérieur, ils savent très bien établir la différence entre les mensonges qui font du bien et ne prêtent pas à conséquence et les mensonges utiles visant à esquiver les punitions, ceux qui sabotent la confiance réciproque et qu'ils condamnent pourtant farouchement.

À partir de 12 ans, la conception du mensonge évolue et le préadolescent s'arrange avec ses aspects transgressifs. Selon son contexte et son impact sur les autres, le mensonge revêt des caractéristiques différentes. Par ailleurs, l'idée de confiance réciproque est tout à fait acquise.

Les enfants se sentent-ils coupables de mentir ?

Ils ne sont pas plus que leurs parents chavirés de culpabilité quand ils mentent. Cela dépend pour eux de la valeur morale qu'ils accordent à la situation et à ses conséquences. À les entendre, ils ne se sentent pas fautifs de mentir à une personne qu'ils ne respectent pas. Ce n'est pas un mensonge, puisque unetelle est méchante ou untel est idiot. Une disposition qu'ils appliquent facilement à leurs parents s'ils sont rigides, inflexibles, durs ou intrusifs. Et puis, si tout le monde ment dans la classe, pourquoi s'en priver ? Éprouver des remords ne les concerne pas davantage, d'autant qu'ils voient que nous procédons comme eux s'il s'agit de mensonges blancs sans conséquences fâcheuses.

Par contre, la peur de se faire prendre et la culpabilité apparaissent quand une personne aimée est la cible du mensonge, et qu'avec elle l'enfant partage toute une série de valeurs.

D'où la place de la confiance dans l'éducation des enfants. À l'adolescence, la culpabilité disparaît complètement. Le jeune rejette les valeurs parentales et ne reconnaît aucune autorité aux adultes. Pour certains, mentir est une façon d'établir leur identité, de se séparer du cocon familial et d'accéder à l'indépendance. C'est là que l'influence des pairs est la plus forte, à moins que les parents, ayant anticipé ce besoin d'indépendance, prêtent à l'enfant des qualités de responsabilité et respectent son jardin secret. C'est une période difficile qui s'ouvre pour nous lorsque, au hasard d'une conversation, d'un geste ou d'une situation, nous découvrons un mensonge qui nous fait mesurer notre ignorance de notre enfant, ce qu'il pense, ressent et fait en secret.

Le mensonge avéré qui justifie le reproche

L'expérience du mensonge s'élabore donc progressivement tout au long de leur enfance. Tous les enfants passent par là et tous les parents sont confrontés aux mensonges de leur enfant, à ces mensonges qui ne sont pas nécessaires, mais qui ont un sens.

Ce soir, je ne suis pas là ! dit Pauline, 12 ans, avant de disparaître dans sa chambre.
– Attends Pauline, répond sa mère, Paulette (qui essaie de garder le contact).
– Je dors chez Vanessa, ma copine de vacances.
– Vanessa ? Mais tu la vois encore ?
– Ben oui, puisqu'on est copines.
– Bon… Et ses parents sont d'accord ?
– Oui, ils sont d'accord, sinon je n'irai pas.
– Et où habitent-ils exactement ?
– À Courbevoie.
– Bon… Et qu'allez vous faire ?
– Ben rien, on ne va rien faire, on va rester et discuter… Bon maman, autre chose ? Parce que là, je n'ai pas que ça à faire !
– Quelle curieuse façon de parler à sa mère !
– C'est bon, maman, arrête toutes ces questions, ça me saoule !
Pauline disparaît dans sa chambre, sa mère vaque à ses occupations en se disant qu'appeler les parents d'une copine de sa fille quand elle a 12 ans, c'est assez gênant.
Le moment venu, Pauline s'en va. Paulette bouquine vaguement, tout en laissant ses pensées flotter dans son jardin secret : le temps qui passe inexorablement, sa tendresse pour ses enfants qui grandissent, sa fascination devant les transformations des gens. Sur ses entrefaites, l'entrée intempestive de Paul, 10 ans et demi, le frère de Pauline, referme le jardin secret de sa mère. Son ami Jérôme l'a invité pour une partie de foot avec ses nouveaux potes, demain matin à 11 heures à Courbevoie, puis déjeuner avec ses copains au Mac Do.
« Tu pourrais m'emmener ? »
Quelle heureuse coïncidence ! Si on conduit Paul à Courbevoie, on peut récupérer Pauline et prévoir un petit programme sympa ensemble ensuite comme quand elle était la seule enfant. Reste à la prévenir en commençant par chercher le téléphone et l'adresse de Vanessa. Vers 21 heures, Paulette appelle Valérie, la maman de Vanessa qui raconte que Vanessa 14 ans et Pauline 12 ans sont parties à la Fête de *L'Huma*, qu'elles ne rentreront

pas avant le lendemain matin, et qu'il est très probable qu'elles dorment chez un cousin un peu bohème qui habite Montmartre et s'occupe d'aller les chercher.

– Mais vous étiez au courant de ce programme, n'est-ce pas? demande Valérie, perplexe, car pour moi c'était la condition pour recevoir Pauline!

Paulette est stupéfaite, Valérie, quant à elle, ne comprend rien.

– Oui... mais non... bien sûr..., bafouille la mère de Pauline en essayant de reprendre ses esprits. Enfin, je voulais juste lui dire qu'on viendrait la chercher chez vous demain. Vers quelle heure pensez-vous qu'elle sera là?

– Onze heures trente me paraît raisonnable, dit Valérie, aimable et chaleureuse. Vous prendrez bien l'apéritif avec nous?

– Merci beaucoup. Mais non, nous ne resterons pas, nous avons des courses à faire avec son frère, dit Paulette assez secouée.

– D'accord, j'informerai Pauline demain de votre arrivée, ne vous inquiétez pas! la rassure Valérie.

Les parents de Pauline sont sonnés par cette découverte. Que leur fille chérie mente est inimaginable! Et ce qu'ils ignorent à ce moment-là, c'est que Paul se prépare en douce à sécher l'école pour être avec ses nouveaux copains. Et son mensonge, comme celui de sa sœur, est tout à fait crédible.

Qui n'a pas été confronté à ce genre de situation?

Avec le recul, on s'en remet, on dédramatise et la vie continue. Mais sur le coup, le choc est rude, on se sent trahi, déçu, l'inquiétude nous envahit et nous ne songeons qu'à sanctionner. Sentiments très naturels dans notre société où le mensonge est considéré comme un comportement très grave. Mentir sape les bases de la confiance, mène au soupçon, à des attitudes de contrôle et de surveillance, et abîme en profondeur la relation, surtout, lorsque le mensonge s'accompagne de la dissimulation, du vol, de l'absentéisme, etc.

Fâchés, nous nous promettons donc de sévir avec force : « Plus jamais ça! » – puis nous nous interrogeons sur les raisons de ces mensonges. Et l'apaisement survient lorsque nous commençons à comprendre pourquoi notre enfant a menti.

À chaque enfant son mensonge

Si l'on décrypte la fonction du mensonge, en regardant le monde avec des yeux d'enfant, en réfléchissant comme si nous étions à sa place, on comprend mieux pourquoi et comment ils mentent.

Pourquoi les enfants mentent est une question d'autant plus complexe que chaque enfant est singulier et son environnement aussi.

Si trois enfants racontent le même mensonge : « Ce n'est pas moi, c'est lui (ou elle) ! », les raisons sont très différentes pour chacun, tenant à leurs besoins et à leurs attentes. Pour le premier c'est une façon de se venger d'un ami indifférent, espérant qu'il se fera punir. Pour le deuxième, une manière d'éviter une sanction redoutée, espérant qu'il sera compris. Pour le troisième, une stratégie visant à attirer sur lui l'attention de l'adulte, espérant qu'il deviendra ainsi le centre de ses préoccupations. Chaque enfant a sa technique et un motif pour mentir. Il sait que c'est mal, mais ne peut résister à la tentation.

De manière générale, les mensonges des enfants sont à regrouper dans trois grandes catégories : éviter les punitions ; affirmer son existence ; protéger son entourage proche.

Pour éviter les punitions

Quel que soit leur âge, les enfants disent que le mensonge met à l'abri des sanctions bien qu'ils sachent qu'ils ont fait des bêtises. Une variante de cette situation est celle où l'enfant ment pour éviter d'endosser des responsabilités perçues comme désagréables, injustes, ennuyeuses, etc. Il affirme, par exemple, catégoriquement : « Ah non ! je ne peux pas mettre le couvert, j'ai trop de devoirs », alors que son cahier de correspondance est pratiquement vide.

Pour d'autres, le mensonge sert à obtenir des récompenses ou des avantages non mérités : « C'est moi qui ai mis le couvert », dira l'un d'eux en souriant, espérant recevoir un bonbon ou un compliment alors que c'est sa sœur, jalousée, qui a tout fait.

Ce sont là des situations que nous connaissons d'autant mieux que nous y avons parfois recours pour gagner du temps et affronter nos propres erreurs. Néanmoins, nous ne devons pas accepter le mensonge de nos enfants, ni renoncer à nos positions éducatives.

Quand un enfant ment pour éviter d'être puni, commençons par nous demander si sa bêtise est accidentelle, intentionnelle ou préméditée en tenant compte de son âge et du degré de gravité de la bêtise.

Si c'est une bêtise accidentelle – casser un objet, oublier un cahier... –, abordons le problème sur un ton plutôt ludique pour lui redonner confiance, et imaginons une punition juste pour marquer le coup. Avec un tout-petit, on peut mettre en scène ses figurines pour lui montrer pourquoi le menteur gagne à dire la vérité, parce que, par exemple, il apprend des choses comme un grand, il est fort et n'a pas peur de parler, il suscite l'admiration des grands...

Avec un plus grand, une fois la crise passée, on peut parler des moyens d'éviter le mensonge en s'appuyant sur des histoires qui arrivent aux autres. Par exemple : « Mathieu a raconté un gros mensonge à sa mère parce qu'il avait peur de se faire gronder. Il a dit qu'on lui avait volé son manteau, alors qu'il l'avait perdu. Sa mère est allée à l'école et a trouvé le manteau, roulé en boule dans la cour de récréation. Mathieu a eu peur de la colère de sa maman. Et toi, qu'aurais-tu fait à la place de Mathieu ? »

Ou encore : « Quels conseils tu donnerais à Mathieu pour qu'il ne mente plus ? »

Si le mensonge repose sur des bêtises intentionnelles ou préméditées, une punition pour marquer le coup est nécessaire. Dans le cas de Pauline, le mensonge découle de la peur de rater une si belle occasion de liberté. Mais il est prémédité quand même. La punition portera donc sur les sorties « pour dormir chez des copines » et même sur l'accueil des copines à la maison. Ainsi, la sanction est appropriée au mensonge, limitée à lui seul, et permet par ailleurs de préserver intactes les autres sphères de la vie de l'enfant.

En aucun cas la punition ne remplacera une discussion. Que ce soit avec des grands ou avec des petits, commençons par parler de ce que nous avons ressenti en découvrant leur mensonge : « J'ai été peinée, je suis fâchée... » Tentons de privilégier le « je » par rapport au « tu », et parlons de toutes les conséquences négatives que cela a entraîné pour nous et pour les autres. Plutôt que dire : « Tu as menti ! », dites : « Ça me fait de la peine que tu m'aies caché la vérité... »

Un mensonge particulier : la triche

Tricher veut dire transgresser une loi, une règle, un ordre. C'est une forme particulière de mensonge, fréquente et redoutée. Les enfants savent parfaitement tricher, mais pour eux, ce n'est pas mentir. Alors que tricher et mentir vont de pair car il faut bien dissimuler la tricherie. Les enfants savent assez bien tricher par peur d'être puni. Ils le découvrent dès le CP. Des études montrent que 20 % à 50 % des enfants du primaire trichent sur leurs devoirs, contrôles ou obligations.

La mère de Léa raconte : « C'est facile les mathématiques, c'est facile les mathématiques ! » chantonnait Léa, 7 ans et demi, élève de CE2, en sautillant dans le couloir de sa maison. Je la regardais admirative de ses bonnes notes. À l'approche de Noël, je la voyais déjà ingénieur, lauréate d'une grande école. Jusqu'au jour où me voilà convoquée par la maîtresse qui m'interroge sur l'atmosphère familiale, sur mes relations avec mon mari et sur le comportement de Léa qui l'inquiète. Je suis sans voix. Léa, à côté, piétine.

– Mais enfin, pourquoi toutes ces questions ? Que se passe-t-il donc ?

– Que se passe-t-il ? Vous ne vous êtes aperçue de rien ? Léa a fait une chute vertigineuse en maths ! Au premier trimestre, elle était deuxième, et ce trimestre, elle arrive avant-dernière !

– Ah bon ! Avant dernière… Mais enfin Léa, que s'est-il passé ?

Léa, les larmes aux yeux, regarde ailleurs : « Sais pas ! »

La maîtresse est intriguée de la chute des notes de l'enfant et pose des questions à Léa qui répète : « Sais pas. » Je me promets d'en savoir plus, la maîtresse surveillera les progrès de Léa.

Sur le chemin du retour, je ressasse ces informations. Léa, à nouveau gaie, gigote et pouffe en me regardant furtivement. Et, en ouvrant la porte, je réalise l'impensable : c'est depuis que Léa n'est plus assise à côté de Léo que ses notes en maths ont chuté.

– Léa, j'ai trouvé l'explication ! Léo t'aidait beaucoup en math. Peut-être même qu'il te donnait les résultats !

– Non, dit Léa d'une petite voix en rougissant.

– Tu es sûre ? dis-je en colère, d'un ton sec.

– Non, non, c'est lui, sanglote l'enfant.

– C'est lui quoi ?

– C'est lui qui voulait bien.

– Qui voulait bien quoi ?

– Il voulait bien que je regarde, il disait que ce n'était pas grave.

– Léa, d'une certaine façon, tu as copié sur Léo !

– Un peu !

Si le mystère était résolu, le problème des mathématiques commençait bel et bien. Les parents de Léa l'ont convoquée pour parler de la confiance en général et la confiance en soi en particulier. Quelques cours individuels l'ont aidée à redresser son niveau. Elle n'a plus triché, est devenue une collégienne sérieuse, moyenne en maths, qui donnait ses notes toujours avec un peu de retard. Elle avait besoin de ce temps-là pour apaiser ses émotions, trouver les mots justes avant de raconter à ses parents ce qui la préoccupait, qu'il s'agisse des notes ou de ses bêtises. De son côté, sa mère a accepté l'idée que Léa ne ferait pas une grande école et ne serait pas ingénieur. Quelques années plus tard, Léa avouera que l'admiration et les félicitations de sa mère pour ses résultats en maths l'avaient forcée à se débrouiller.

Éviter les gros chagrins

Le mensonge a souvent pour objectif de prévenir des émotions déplaisantes

Ainsi, l'enfant est prêt à tout pour échapper à la honte, ce sentiment gluant, amer et dévorant. Il arrive que Bertrand, 6 ans, fasse pipi sur lui. Quand il joue avec ses camarades, il se retient tant qu'il peut, mais parfois ça ne marche pas, son pantalon est tout à coup mouillé. Bertrand dit alors que son pantalon était mouillé avant de commencer à jouer.

L'enfant a besoin d'être estimé par les autres, mais au quotidien sa confiance en soi peut être mise à rude épreuve et faire naître d'horribles sentiments d'infériorité : il devient triste, se sent incapable à l'école et s'éloigne de ses amis. Il arrive assez souvent que des enfants vulnérables, avec une faible estime de soi, décident de mentir pour protéger leur image et éviter de souffrir. Ils se mentent d'abord à eux-mêmes par nécessité, pour ne pas reconnaître leurs difficultés : pour eux, tout va bien, il n'y a aucun problème... et s'ils admettent qu'ils n'ont pas beaucoup d'amis, ils se trouvent des excuses, comme les activités sportives qui ne laissent pas le temps d'avoir des amis. Autre excuse souvent invoquée : l'environnement. Si j'ai des mauvaises notes, c'est la maîtresse qui ne m'aime pas ; elle m'empêche de sortir à la pause et ne veut pas que je joue avec des amis...

Pour ne pas souffrir, ces enfants tentent de construire mentalement une réalité idéale.

Mentir pour prendre sa revanche

Il arrive qu'un enfant mente à propos d'autres enfants, de frères, de sœurs, d'amis... espérant les voir punis. Cette attitude est motivée par la colère et le dépit. Ce type d'enfant se sent souvent seul, incompris, blessé, et souhaite que d'autres éprouvent la même souffrance.

Comme le dit Haim Ginott, psychologue pour enfants, certains mensonges racontent la vérité sur les manques éprouvés par l'enfant, ses souhaits ou ses pensées intimes. Une oreille vigilante entend ce que ces mensonges révèlent et ce qu'ils visent à dissimuler. Dans tous les cas, ils signalent un appel à l'aide !

Quoi qu'ils fassent, sachons que ces enfants n'ont pas conscience de faire mal et ne préméditent nullement leurs mensonges.

Si notre enfant ment pour s'éviter des situations déplaisantes qui altèrent l'estime de soi, tâchons de le valoriser plus souvent et, notamment, pointons les avantages qui en résultent pour un enfant qui ne ment pas. Cherchons avec lui les moyens d'avoir confiance et de se faire des amis fidèles, à observer leurs comportements pour mieux les comprendre.

Repérons avec lui les situations sociales qu'il redoute le plus et réfléchissons ensemble aux moyens d'éviter le mensonge.

Le besoin d'exister

Prendre confiance en soi, améliorer l'idée qu'on a de soi motive souvent le mensonge de l'enfant comme celui de l'adulte. Vantardise, exagération sont supposées mettre en valeur le menteur qui croit ainsi devenir plus séduisant, plus captivant, plus important. « Il s'y croit », disent les enfants sans se douter qu'ils sont dans le vrai en résumant ainsi cette problématique.

Celle-ci est le fruit d'un processus d'exagération destiné à mettre l'enfant au centre de toutes les attentions. Pour se sentir à l'aise parmi les autres, pour qu'on le distingue, le mensonge est sa garantie. À la base de toute exagération, il y a une once de vérité prête à être embellie par les enfants déçus de leur propre vie. Pour eux, ces mensonges sont bénins et ne font du mal à personne. Eux seuls risquent gros dans cette histoire qui n'a rien à voir avec la réalité.

Pour Laura, 8 ans, la cour de récréation est un monde hostile. Elle doit se bagarrer pour jouer avec les autres, personne ne veut lui donner la main pour se ranger, elle crie très fort pour qu'on l'écoute.

Un jour, la maîtresse demande aux enfants de raconter un souvenir de vacances. Voici ce que Laura raconte avec conviction : « J'étais sur la plage, la nuit, avec papa, maman et Sonny (le chien). On avait fait un feu, parce qu'on s'était perdus et qu'on avait peur. Tout le monde pleurait. Moi, je me suis dit qu'on n'avait rien à manger et qu'il fallait chercher à manger. Mais tout le monde avait peur de quitter le feu. Alors moi, je suis partie sur la plage et j'ai vu de très gros crabes. Je me suis dit que c'est mieux que rien. Alors j'ai attendu que les crabes passent devant moi, je les ai attrapés et je les ai mis dans mes poches. J'en ai attrapé beaucoup.

– Combien ? demande la maîtresse.

– Ben, cinquante quand même, répond Laura. Quand je suis arrivée au feu, tout le monde pleurait car ils avaient faim et ils étaient tristes parce qu'ils pensaient que j'avais disparu, que je m'étais perdue. Alors je leur ai dit : "Non, je suis là, j'ai apporté à manger ! Youpi ! On est sauvés ! Laura nous a sauvés !" Alors j'ai mis les crabes dans le feu et ils ont grillé. Sonny a léché les pattes de crabes. Puis, moi, j'ai cueilli des bouts de bois pour faire des fourchettes et tout le monde a aimé les crabes et m'a dit merci et on m'a fait plein de bisous. »

Cette histoire illustre bien ce type de mensonge : Laura exagère, convaincue du déroulement des événements. Elle s'attribue un rôle de sauveur pour se sentir estimée par les enfants de sa classe. Maintenant, demandons-nous pourquoi les enfants aiment exagérer et nous mentir.

C'est dans leur besoin impératif d'être acceptés et appréciés que se trouve la réponse à notre question. Tous les enfants, surtout les tout-petits, recherchent l'attention des adultes qui comptent pour eux. Certains enjolivent la réalité pour se sentir estimés, tant ils se perçoivent incapables. Le mensonge est leur clé pour être remarqués et, parfois, bénéficier d'un traitement de faveur ou d'un pouvoir. De cette façon, l'enfant s'attribue des pouvoirs sur ses frères et sœurs, ses amis, ses parents complètement aveuglés par ses mensonges. Il nous est essentiel de décrypter le mieux possible ces comportements, encore une fois sans malice, surtout quand les enfants sont très jeunes et y répondre avec nuance et justesse.

Dans ces moments-là, montrons à l'enfant que nous sommes à son côté, que nous comprenons les raisons de ses exagérations, mais qu'elles risquent d'avoir des conséquences malheureuses pour lui.

L'exemple de Laura est édifiant : elle aime rendre service, elle veut se conduire en grande et craint qu'on ne l'apprécie pas. Avec ces paroles, ses parents peuvent l'aider : « Tu as eu peur qu'on ne s'intéresse pas à toi. On peut tout à fait comprendre ça, mais comme les enfants n'aiment pas qu'on leur mente, ils ne voudront probablement plus jouer avec toi. J'ai l'impression que ce n'est pas ce que tu veux, n'est-ce pas ? Ne t'inquiète pas, on peut se faire des amis sans mentir, c'est pas compliqué, tu vas voir. »

Il arrive que l'enfant persiste à raconter des bobards, des « mythos », comme disent ses camarades. Plus il en raconte pour se faire mousser et apprécier, plus il se fait rejeter. Et parfois jusqu'à l'adolescence. Un tel comportement est alors à entendre comme le signal que l'enfant a besoin d'être aidé.

Le mensonge pour protéger son intimité, ses secrets

En grandissant nos enfants nous mentent par exagération ou omission pour protéger leur intimité, principalement à partir de 11 ans quand ce besoin se précise, tout comme leur besoin d'indépendance, de prendre de la distance. Les parents, quant à eux, surveillent et contrôlent leurs enfants pour les protéger, d'où un risque de conflit évident et une recrudescence de mensonges. L'intimité est l'espace privé de chacun. Savoir qu'on est seul à y avoir accès incite à la réflexion et à protéger ses secrets. Pour les enfants c'est le lieu caché de la joie, l'embarras, la honte, la tristesse, l'envie… et toutes les pensées interdites aux parents, comme, par exemple, ce qui concerne le sexe, sujet délicat tant pour les enfants que pour les parents. Ne pas en parler permet d'éviter des « leçons de vie » dictées par l'expérience parentale qui peuvent s'avérer encore plus embarrassantes pour l'enfant que sa propre inexpérience. L'adolescent aura donc tendance à garder pour lui toutes les expériences jugées répréhensibles par les parents, ou contraires aux valeurs familiales (transgressions, soirées arrosées, par exemple). Parfaitement conscients de leurs actes, les adolescents redoutent les leçons de morale, la colère qui casse l'estime de soi et les punitions. Seul le mensonge leur permet d'échapper à la surveillance des parents et à leur besoin de tout savoir sur leur enfant. Ne disent-ils pas là : « Laissez-moi mon intimité ! c'est ma vie privée. » Ils détestent être devinés, avoir le sentiment qu'ils sont transparents. C'est un appel à entendre.

Mentir pour éviter de décevoir...

Il arrive que l'enfant se sente tenu de cacher une vérité pour répondre au désir sous-entendu des parents, par crainte d'une fin de non-recevoir. Y aurait-il danger à dire ce qu'on pense ? Les messages qu'ils reçoivent, de notre part, leur indiquent, d'abord qu'il est dangereux, pour eux, de nous dire la vérité, ensuite que nous ne les acceptons pas dans ce qu'ils sont et ce qu'ils pensent. Nous leur refusons ainsi, imaginent-ils, le droit d'avoir une vision personnelle. Effectivement, certains parents ont du mal à accepter que l'enfant ait une personnalité différente de celle dont ils rêvaient pour lui.

Quand un enfant dit : « Je n'aime pas l'école ! », le parent y entend une injonction à renoncer à ses propres valeurs : « Mais ton avenir ? Et nos espoirs ? Comment peux-tu dire une chose pareille ?.. » Que pense alors l'enfant ? D'une certaine façon, que nous ne voulons entendre que ce qui nous arrange. Cette attitude est à combattre absolument pour nous éviter les mensonges de nos enfants.

Si nous souhaitons promouvoir la franchise et un rapport de vérité à la parole chez nos enfants, nous devons non seulement leur donner l'exemple mais nous montrer prêts à entendre des vérités qui dérangent.

… ou pour protéger l'autre

Enfin, l'enfant ment souvent pour protéger sa famille ou ses amis. Au courant des problèmes dans sa famille, un enfant se taira par loyauté et par amour pour ceux qu'il aime. Rien ne sera dit, ni l'addiction d'un parent ni les conflits entre les parents. Au contraire, on verra souvent un enfant laissé seul raconter très précisément ses activités avec ses parents, ou encore exprimer sa chance d'avoir un si bon père, si celui-là est défaillant. Ou encore, on verra un enfant mentir à ses parents sur les problèmes qu'il rencontre parce qu'il les sent trop fragiles, trop soucieux et ne veut pas en rajouter. Les rôles sont inversés, c'est lui qui protège ses parents. Et être ainsi parentalisé est lourd. Il est bon alors qu'il rencontre d'autres adultes tutélaires sur lesquels s'appuyer.

L'enfant peut aussi vouloir protéger d'autres personnes qui comptent, comme ses amis. D'où pour lui un conflit de loyauté entre les exigences familiales et sociales et l'être cher. Dans un débat éthique avec lui-même, il lui faut réfléchir à la situation : l'importance de la bêtise, le risque de la sanction, l'injustice, les conséquences… Doit-il mentir pour protéger son ami ? Son conflit intérieur sera d'autant plus pénible qu'il se sentira proche de l'ami soupçonné ou accusé.

Par exemple, Jérémie adore Jérôme. Jérôme pique pour quelques jours la console de Julien. Interrogé par un adulte (un parent, un enseignant, etc.), Jérémie raconte qu'un grand que personne ne connaît l'a volée, cependant qu'il demande à Jérôme de la rendre le plus vite possible. Le mensonge de Jérémie assure Jérôme de sa loyauté, son inquiétude traduit pourtant son respect pour les règles. Si nous sommes alertés par ce genre de mensonge, tâchons de discuter avec l'enfant de ses difficultés dans de telles situations : pour lui le conflit est rude : c'est mentir ou perdre un ami. Peut-il l'aider autrement ? À nous de trouver les mots pour qu'il se confie à quelqu'un qui saura trouver avec l'enfant d'autres solutions. Ici, Jérémie craignait de perdre son ami. Son père l'a deviné et a engagé la discussion sur la question de l'amitié et la place de l'ami. L'aider, lui a-t-il dit, c'est lui rendre service, c'est partager la franchise et, surtout, le convaincre de ne pas dépasser les limites de l'acceptable, et ne pas faire de bêtises.

Mentir par habitude

Enfin, une dernière cause de mensonge est l'habitude. On commence à mentir et ça fait du bien, puis quand un obstacle survient, on continue à mentir ; alors pourquoi changer puisque ça évite tant de soucis ? L'enfant ment alors chaque fois qu'il est questionné par un adulte : sur ses devoirs, sur ses amis, sur sa vie, sur sa famille. Quand on le met face à ce comportement, l'enfant répond tout simplement : c'était pour rire.

Les punitions ont peu d'impact sur cette conduite. Dans ces situations, tout de même assez rares, traitons le problème avec fermeté ou humour, mais soyons inventifs pour aider notre enfant à modifier son comportement. Par exemple, si nous soupçonnons un mensonge, on peut interpeller pudiquement l'enfant : « Hep, hep, on voudrait des preuves ! » ou : « Donne-moi des raisons pour être sûr de ce que tu nous dis », ou encore : « Et si ce n'était pas vrai ce que tu racontes, comment penses-tu que nous réagirions ? » « Et si tu nous disais ce qu'il en est vraiment pour qu'on rigole tous un peu ? ».

Avec ces tentatives de dialogue, l'idée est de montrer que nous, parents, ne sommes pas dupes et que nous ferons tout ce qui est en notre pouvoir pour confronter notre enfant, encore et toujours, à ses mensonges. En espérant que de ces confrontations et des discussions qui vont avec sur la sincérité, la confiance et le respect, quelque chose, en lui, cédera. Mentir par habitude est un comportement rare qui tend à disparaître avec l'avancée dans la scolarité et la socialisation. S'il persiste jusqu'à l'adolescence, il a un sens que nous devons tenter de découvrir pour aider notre enfant. Soit il ment parce qu'il ne veut ou ne peut gérer des conflits. Il s'enferre alors dans une stratégie de fuite qui risque de s'étendre à tous les domaines de sa vie et mettre à mal sa confiance en lui. Soit il ment parce qu'il veut ou tente de prendre un pouvoir sur les autres et, dans ce cas, il s'enferre dans une autre stratégie, tout aussi inefficace, qui est celle de la dissimulation et de la manipulation qui, en infiltrant tous les autres domaines de sa vie, mettra à mal ses capacités d'empathie et de confiance en ses pairs. Dans les deux cas, nous devons observer son comportement général et, au moindre doute, ou à la première vraie inquiétude, consulter un spécialiste (psychiatre ou psychologue) dont l'aide pourra être bénéfique tant pour notre enfant que pour nous-mêmes.

Comment réagir aux mensonges des enfants

Il est impossible de prévenir le recours au mensonge puisqu'il est, on l'a vu, intimement lié à la notion de secret. En revanche, nous pouvons le limiter, le canaliser et entendre ce qu'il signifie dans les situations où mentir est une manière d'appeler à l'aide. Laisser passer, faire comme si on n'avait rien vu, n'est pas envisageable, même s'il s'agit d'un tout petit mensonge. Ce serait encourager l'enfant à continuer. Lorsque nous débusquons des mensonges intentionnels ou prémédités, ne nous laissons pas dominer par notre émotion, attendons un peu avant de réagir et réfléchissons. Si nous ne savons pas quoi faire, un peu de patience. Rejetons les idées culpabilisantes du genre : « C'est ma faute... Qu'est-ce que j'ai fait ?.. », et concentrons-nous sur le motif de ces mensonges.

Enfin, pour éviter que mentir ne devienne une habitude il y a quelques écueils à éviter :

– culpabiliser ou humilier l'enfant ;
– le faire fuir ou le mettre sur la défensive ;
– provoquer une escalade.

Pour cela, tenons-nous en uniquement aux faits. Demandons-lui s'il a une raison pour nous mentir. Notre objectif devant être de restaurer la confiance, restons calmes et ne montrons pas notre colère ou notre déception. Si le ton de notre voix révèle notre énervement, il hésitera à dévoiler son secret ou avouer son mensonge. Notre affolement peut l'oppresser et, à la vérité, il préférera la sécurité. Commençons donc par remettre à plus tard l'évidente question : « Pourquoi tu mens ; pourquoi fais-tu cela ? »

Le mot « pourquoi » est mal perçu par les enfants. Il témoigne du désaccord, de la déception et du déplaisir des parents. Il véhicule la critique, déclenche le souvenir des disputes passées, peut susciter des mensonges supplémentaires et, parfois, favorise la confrontation directe. Il fonctionne comme une étincelle. Or nous savons bien que la confrontation mène au conflit ; un mur infranchissable se dresse entre nous ; les enfants se replient sur eux-mêmes et refusent de parler. Il se peut qu'ils contre-attaquent par provocation et, par exemple, nous accusent de fouiller dans leurs affaires. Il est classique que le menteur qui veut dissimuler ses actes retourne ainsi le propos.

Donc, au lieu de bombarder l'enfant de questions, il vaut mieux utiliser la méthode indirecte au lieu de « Qui a cassé le vase ? » Tentez : « Aïe, on n'aurait pas dû mettre le vase à cet endroit ! » « C'est toi ou ta sœur ? » Cette méthode suppose que nous émettions des hypothèses. Par exemple, au lieu du très policier : « À quelle heure es-tu rentrée ? », dites plutôt : « J'ai l'impression que tu es rentrée vers une heure trente. C'est tard. On s'était pourtant mis d'accord... » Cette formulation atténue l'hostilité et l'inquiétude de part et d'autre.

Cela suppose aussi que nous parlions de nous, de nos réactions, de ce qu'on éprouve et de notre responsabilité en tant que parents. De cette manière, nous sommes plus efficaces que si nous les menaçons de représailles. Préférez au : « Tu ne sortiras plus jamais seul le soir jusqu'à ta majorité ! » la phrase plus personnelle : « Je suis très peiné, car je viens de réaliser que tu m'as caché la vérité ! Je me fais du souci quand tu agis ainsi, et j'aimerais tant avoir une relation plus sereine avec toi. » Ou encore, des paroles comme celles-ci : « Je ne veux pas parler de cela maintenant. J'ai besoin de réfléchir. » « Tu mens parce que tu as peur de moi ? Est-ce que je suis trop dur ? » « Rien n'est plus important pour moi que la confiance entre nous. Si tu as fait quelque chose qui risque de me déplaire, essayons d'en parler et rappelle-moi de ne pas m'énerver... »

Enfin, lorsque la vérité est longue à venir, par peur des représailles, incitons notre enfant à prendre le temps de réfléchir, à ne pas avoir peur de nous. C'est un moyen pour lui de revenir calmement sur ce qu'il a fait. Dites-lui par exemple : « Si cela t'est difficile de me parler, alors pense au secret de ton mensonge. Ainsi tu t'apercevras que tes raisons ne sont pas forcément valables. Et quand tu auras compris, quand tu seras prêt, parlons-en. »

Notre rôle de parents ne se limite pas seulement à régler les situations difficiles. Nous devons les prévenir. Pour cela, nous devons créer pour nos enfants un climat suffisamment sécurisant pour qu'ils nous parlent en confiance. Un des objectifs étant de limiter leurs occasions de mentir.

4

L'enfant, ses amis et leurs secrets

« C'est qui ton meilleur ami ?
– C'est Louis !
– Pourquoi ?
– Parce que je peux tout lui dire. »

L'amitié entre enfants

L'amitié entre enfants est une relation volontaire, pas obligatoire, qui commence très jeune. Complexe et affective, elle repose sur le compagnonnage, l'intimité, la loyauté et l'engagement.

Empathie, sensibilité, contrôle émotionnel sont les clefs de l'amitié réussie ; elles participent à une intelligence collective, à la découverte des autres et de soi-même. C'est le début des relations sociales nécessaires à chacun d'entre nous.

Entre deux enfants, l'amitié naît de la rencontre de signaux sociaux. Déjà tout petits, les enfants captent ces signes d'amitié et répondent à leur façon à ceux qui les émettent. Plus tard, les échanges pourront éventuellement se renforcer, surtout s'ils continuent à se voir.

La relation amicale est l'une des premières relations de l'enfant. Même tout petits, les enfants décrivent ce qu'ils ressentent et savent déceler les besoins de leurs amis, ce qui les amuse ou ce qui les fait pleurer, ce qui les différencie et ce qui les unit.

Selon leur personnalité, l'amitié prend des formes différentes : certains sont des suiveurs, d'autres des meneurs, certains sont très imaginatifs, d'autres s'éveillent dans la solitude sans avoir besoin des autres.

Il n'y a donc pas une seule et bonne façon de se faire des amis et de les conserver, il y a plusieurs façons qui conduisent au même résultat par des voies différentes.

L'amitié s'inspire de nombreux modèles

Qu'on le veuille ou non, ces liens s'inspirent du modèle familial que l'enfant connaît bien. Il détermine les attentes, la sensibilité à l'égard des autres, la confiance en soi et le besoin de donner et de recevoir de l'affection par l'amour, l'admiration et l'amitié.

Ainsi, les enfants qui trouvent confiance et sécurité affective auprès de leurs parents deviennent des petits êtres curieux et prêts à s'en séparer pour explorer d'autres horizons. Ils sont à l'aise dans un groupe, tissent facilement des liens d'amitié, ne se laissent pas commander, acceptent facilement le compromis et sont capables de trouver des solutions ; autant d'atouts qui renforcent l'estime de soi.

De plus, ils font la différence entre les relations amicales et les relations familiales.

Autre modèle relationnel, celui inspiré par les comportements entre frères et sœurs. Si grandir dans une fratrie est l'occasion de beaux moments de complicité, c'est aussi le lieu de conflits très violents dont il s'agit de sortir. Le lien fraternel prépare aux relations de collaboration, si importantes dans l'amitié des jeunes enfants et aux techniques de négociation, nécessaires aux sorties d'impasse. Quand tout se passe bien, avoir un frère ou une sœur implique de grandir avec un formidable compagnon de jeux, plein d'initiatives et de bonnes idées, toujours prêt à marcher dans toutes les bêtises qui font si bien rigoler tout le monde, sauf peut-être... les parents ! Des études ont montré que les plus jeunes enfants d'une fratrie ayant déjà éprouvé l'originalité des relations entre frères et sœurs sont sensibles aux émotions de leurs amis et comprennent leur fonctionnement. De même, des enfants qui ont des relations chaleureuses avec leurs frères et sœurs, qui échangent beaucoup avec eux, en font autant avec leurs amis.

Mais aussi que les enfants qui ont des relations insatisfaisantes avec leur fratrie compensent en s'investissant pleinement dans leurs relations amicales. Ils trouvent des amis avec lesquels leur sensibilité s'accorde.

Les premières amitiés d'un enfant sont très fortement influencées par ce qu'il perçoit autour de lui, principalement chez les autres enfants, et forgent leurs inclinations futures.

Pour se faire un ami, rien de tel que le jeu partagé ! Normal, puisque le jeu modèle le comportement de l'enfant et lui enseigne la vie avec les autres. Le jeu, et plus particulièrement celui du « faire semblant », lui permet de développer ses compétences sociales et relationnelles, ses capacités intellectuelles, par l'analyse des situations, et le décodage des messages émis par l'environnement. Par conséquent, de comprendre ses amis, leurs besoins et leurs attentes. Dès la maîtrise du langage, l'enfant s'amuse avec d'autres enfants de son âge. Il met en scène des jeux auxquels il prend beaucoup de plaisir, tout seul ou collectivement, pour la plupart, improvisés, co-crées, dans l'interaction, par les différents joueurs. Les enfants ne suivent aucun scénario logique prédéterminé, choisissent plutôt des séquences ou des saynètes diverses sans se préoccuper du tout de leur caractère vraisemblable. Ariel, la Petite Sirène, peut très bien interagir avec Ratatouille à l'Âge de Glace. Et si l'histoire est incohérente, s'il n'y a ni début, ni point culminant, ni fin, aucune importance, seul le plaisir de jouer compte. L'essentiel est de s'impliquer avec énergie et fantaisie dans des rôles et des situations choisis.

Dans ces jeux souvent répétitifs, l'enfant tour à tour s'énerve, rit, pleure, aime... et s'investit pleinement quel que soit son rôle, l'échangeant éventuellement. Une chose est sûre : sa participation émotionnelle est intense. Il vit vraiment tout ce qu'il joue ; il croit sincèrement à tout ce qu'il imagine et ressent une foule d'émotions à l'état pur : colère, joie, peur, amour...

Cette intensité travaille pour la structuration de son monde intérieur en passant par la connaissance de soi. Ainsi, l'enfant apprend à nommer ses émotions, à les verbaliser et à les communiquer à ses pairs. Et la communication authentique est la base de toute amitié.

À quoi sert l'amitié ?

À rassurer

« Lilia, la mère de Léo raconte à Giselle, la mère de Léa, ensemble en CE2, à quel point Léa, calme et douce, fait du bien à Léo, réputé petit diable désobéissant.

Pendant ce temps-là, Léo s'agite dans la rue, saute du trottoir dans le caniveau, interpelle les voitures, se contorsionne en traînant sa doudoune par terre, dans une lutte sans merci avec un redoutable ennemi imaginaire et en éclaboussant son amie Léa. Tant et si bien qu'il finit par tomber dans le caniveau et se fait mal. Il pleure et craint la colère de sa mère qui lui a répété de se tenir tranquille. Léa s'accroupit alors près de lui et le console en lui parlant doucement. Calmé, l'enfant se relève et commence à jouer avec elle.

À accepter ses émotions

Des chercheurs ont mis en évidence l'importance de l'ami dans le développement de l'enfant, en insistant sur le fait qu'un bon copain qui parle librement de ce qu'il ressent sert d'exemple et pousse l'autre à agir de la même façon.

Léo :
– Maman est malade, elle est à l'hôpital.
Léa :
– Et qui s'occupe de toi ?
– Je ne veux pas qu'elle meure !
– Tu as peur qu'elle meure, ta maman ?
– Oui, j'ai peur.
– Et tu vas être malheureux et tu vas rester tout seul.
– Oui, je suis malheureux ! C'est comme avec grand-mère, elle n'est jamais revenue de l'hôpital.
– Tu ne dois pas avoir peur ou être triste, parce que si ta maman meurt, ma maman va t'adopter et tu vas venir habiter dans notre maison, manger et dormir et jouer avec nous !

Ce dialogue montre l'importance de l'intimité dans les liens amicaux. Exprimer ses soucis, ses peurs à un ami, apaise l'enfant ; il se sent mieux avec lui-même, moins seul et mieux compris, ce qui soutient son estime de soi. De cette façon, il réagit aux conseils par la sympathie, prend de la distance par rapport à ses soucis, reprend confiance en lui, envisage la vie sous un jour meilleur et accorde, en conséquence, une valeur essentielle aux liens amicaux.

Avoir un meilleur ami est vraiment une expérience précieuse pour une grande majorité d'enfants. Cette relation apporte un support émotionnel par la compréhension et la sympathie qui lui sont clairement exprimées ; des pistes de réflexion, des conseils, qui n'ont pas besoin d'être suivis à la lettre, mais qui invitent à une autre vision du monde ; une distraction par la mise en veilleuse des soucis habituels : l'enfant comprend que la vie continue et qu'elle s'appuie sur plein de choses intéressantes à découvrir ; un moyen de prendre du recul : la discussion relativise tout drame ou toute situation perçue comme catastrophique.

Et au fur et à mesure que l'enfant grandit, il perçoit ses amis comme des soutiens absolument indispensables à son bien-être.

À chasser les sentiments déplaisants et la solitude

Avec les premiers liens d'amitié, l'enfant découvre aussi, malgré lui, des sentiments douloureux : la jalousie, l'insécurité, le rejet, la perte, qu'il a peut-être déjà rencontrés lors d'une de ces mini-révolutions familiales que sont la naissance d'un frère ou d'une sœur, la découverte d'une maladie grave ou chronique, un déménagement… Ces événements bouleversent l'équilibre familial, détournent un temps l'attention des parents, et certains enfants se trouvent soudain très seuls. Il n'y a encore pas si longtemps, considérant que les enfants n'ayant pas eu le temps de créer des liens d'intimité dans la durée, les psychologues et les médecins pensaient que les enfants ne ressentaient pas le manque et ne souffraient donc pas de la solitude. L'observation des enfants prouve qu'il n'en est rien. Lorsqu'on écoute des enfants, dès l'âge de 5-6 ans, il est clair que certains d'entre eux souffrent cruellement du sentiment de solitude à deux niveaux :

L'enfant pense soit : « Je ne suis pas populaire, donc je ne vaux rien » : il est persuadé que personne ne s'intéresse à lui, qu'il est abandonné, qu'on ne l'invite pas… ce qui porte un coup dur à son estime de soi. On observe cela chez les jeunes enfants comme chez les adolescents ou les adultes.

Soit : « Je ne suis pas capable de me faire aimer, je ne suis pas assez fort », autrement dit : « Je suis incompétent et fragile, je ne sais pas à qui parler, vers qui me tourner, il n'y a personne pour moi ! » Là aussi, l'estime de soi est blessée, mais par le biais du sentiment d'incompétence, et porte également un coup dur au sentiment d'efficacité personnelle. Les sentiments d'exclusion qu'éprouvent les enfants sont très proches de ceux décrits par des plus grands, les ados ou même les adultes.

En général, l'enfant a peur de parler de son sentiment de solitude, de crainte d'être jugé par les autres, d'encourager le rejet et de perdre un peu plus confiance en lui. Parce que l'enfant se sent seul, il a du mal à se faire des amis et réciproquement. C'est un cercle vicieux qui aggrave la solitude et la tristesse de l'enfant. On voit parfois ces enfants submergés par la honte, braver ces situations de souffrance en racontant qu'ils sont très populaires et entourés d'amis, car avouer que ce n'est pas le cas reviendrait à se montrer sous un mauvais jour, risquant d'augmenter le rejet supposé. S'il a, en outre, des difficultés familiales ou scolaires, il souffre énormément. Un seul ami suffirait pour qu'il ne se sente plus seul et abandonné.

À surmonter sa peur des changements.

La façon dont l'enfant va investir l'école, le lien qu'il va tisser avec le scolaire, est aussi histoire de relations. S'il se fait des camarades, il se sentira intégré plus facilement.

Dans toutes les transitions majeures, de la maternelle au CP, du CM1 en 6e, de la 3e au lycée, l'amitié est une force pour chaque enfant lorsqu'il faut s'habituer à d'autres enseignants, d'autres enfants, d'autres lieux. Si l'enfant a un bon copain ou une bonne copine, l'univers scolaire est mieux vécu : l'éloignement des parents n'est pas un problème et savoir que son ami a, comme lui, des leçons et des devoirs l'encourage à les faire. À côté d'un copain adoré tout devient supportable : la séparation d'avec les parents, les dictées interminables ou les récitations incompréhensibles ! À côté d'une bonne copine, l'école n'est plus le lieu où on s'ennuie et où l'on reste prisonnier, mais un lieu fantastique de découvertes et de secrets partagés.

À l'inverse, quand un ami quitte l'école, déménage, le chagrin est grand, même pour un très jeune enfant. Certains en éprouvent une véritable détresse qui peut occasionner une chute des résultats. Encore une fois, l'enfant vit la douleur de cette séparation secrètement.

Des moments, considérés comme stressants et difficiles pour certains enfants, passent comme une lettre à la poste si les amis sont là pour les accompagner et les soutenir dans ces moments critiques.

Et, grâce à toutes ces expériences que la plupart des enfants éprouvent au cours de leur scolarité, ils apprennent à devenir de bons amis, analystes et consultants aguerris des situations sociales et interpersonnelles.

L'amitié dès le plus jeune âge

Cela étant dit, bien sûr les jeunes enfants ont de véritables amis. Dès les premiers jours de crèche, et pas par hasard ! Anna Freud disait que le partenaire du jeu n'était pas moins important que le jeu lui-même. C'est passionnant de les voir faire. Au cours de la première année, ils éprouvent déjà la colère, la jalousie, la rivalité, la protection…

« Antoine avait dans sa section de crèche une très bonne copine, Juliette. Sa maman avait remarqué qu'Antoine cherchait des yeux la petite fille dès qu'il arrivait à la crèche et pleurait si elle n'était pas là. Entre 15 et 23 mois, les enfants savent parfaitement ce qui fait ou non du bien à un autre bébé.

Les enfants s'inquiètent et se fâchent si on leur enlève leur doudou, si on leur interdit de mettre le pouce dans la bouche. Ils cherchent alors un regard apaisant ou se trouvent rassurés si d'autres enfants pleurent. Ils s'accordent mutuellement un intérêt affectif qui se développera avec l'apparition du langage.

Entre 18 mois et 2 ans, les petits progressent en jouant à plusieurs. Dès 2 ans, ces jeux collectifs révèlent la personnalité de chacun, sa richesse et témoignent d'une socialisation chaque jour plus solide. Leurs jeux favoris passent par l'imitation, ils font semblant d'être un papa, une maman, un docteur, une marchande... très convaincus de leur rôle.

S'il nous arrivait de les voir jouer – ce qui n'arrive presque jamais, car la présence d'un adulte interrompt le jeu –, nous serions impressionnés par leur capacité à régner sur leurs émotions. Au cours du jeu, une colère éclate dans une famille où chacun tient un rôle précis : très sérieusement, ils vont tout mettre en œuvre pour résoudre le conflit et calmer la dispute. Avec leur vocabulaire d'enfants, ils se fâchent, négocient et se réconcilient. L'objectif est de poursuivre le jeu.

Vers 4 ou 5 ans, les garçons restent entre garçons, les filles avec les filles pour s'assurer un modèle et se reconnaître dans l'autre.

Les garçons sont agités quand ils mettent en scène des scénarios effrayants où ils s'attribuent des rôles de sauveurs prêts à voler au secours des plus faibles, munis d'armes qu'ils fabriquent seuls ou en groupe.

Les filles sont plus tranquilles et leurs jeux ont comme modèle des scènes de la vie quotidienne. Quand elles jouent à la maman avec son bébé, à la maîtresse d'école ou à la princesse amoureuse… elles formulent facilement ce qu'elles éprouvent.

Ces jeux de filles et de garçons préfigurent des types de relations qu'ils affineront en grandissant, jusqu'à l'âge adulte. Ainsi, les filles s'épanouiront davantage dans des métiers où prévalent les relations humaines, l'intimité. Elles seront bonnes négociatrices et parviendront à gérer les conflits dans de nombreuses situations.

Les garçons, en revanche, chercheront à s'affirmer et seront plus tentés par des univers où règne l'esprit de compétition.

Comme autrefois avec ses petits camarades, le père se rapprochera de son fils, et la mère de sa fille, chaque adulte servant de modèle à l'enfant du même sexe. Un constat surprenant si l'on tient compte des besoins de parité et d'égalité des sexes demandés aujourd'hui dans les tâches ménagères ou au bureau.

Sur le plan psychologique, on comprend bien que se construire auprès de modèles une identité sexuée constitue une étape essentielle de l'équilibre psychique sur laquelle on ne fait pas l'impasse. Si le lien à la mère paraît aller de soi, le lien au père, moins évident, est nécessaire pour favoriser une relation et, précisément, l'amitié entre enfants. En validant les émotions de son enfant, sa colère, sa tristesse, sa joie, le père rassure et encourage son enfant dans la poursuite harmonieuse d'une amitié.

Mais, en réalité, tout n'est pas si tranché. Loin des territoires scolaires, filles et garçons s'entendent bien. Dans un appartement ou une maison, les enfants jouent ensemble sans problème, l'essentiel étant de trouver un ami avec qui partager le plaisir de jouer. Mais quand une dispute survient, les plus jeunes sont souvent les plus habiles pour calmer le jeu. Dans le cadre d'un groupe qui fonctionne avec des règles propres, un conflit entre trois enfants est plus difficile à gérer, et parfois la cruelle sentence tombe : « Tu n'es pas mon copain. »

Puis arrive l'adolescence et, avec les premiers émois, chacun s'interroge sur la relation amoureuse et cherche avec ses amis comment percer le secret du fonctionnement de celui qu'ils disent aimer. À ce stade, le secret est fondamental.

Menaces sur l'amitié

D'intrigues quotidiennes en déplacements de loyauté, le groupe se modifie rapidement. À 3 ans ou 4 ans, les enfants excluent facilement leurs amis. Façon de dire : « Je ne t'aime pas aujourd'hui, mais demain ça peut changer. » Vers 6 ou 7 ans, l'exclusion est plus douloureuse car, à ce moment du développement de l'enfant, la place des autres enfants devient importante. Il veut faire partie d'un groupe et se soucie de ce que les autres pensent de lui. S'il est exclu, il se met à douter de l'authenticité de ses amitiés et se remet en question. Il s'imagine être moins bien que les autres et s'interroge, en silence, sur ce qui dérange ses camarades : « Suis-je si nul, si maladroit, mes habits sont-ils démodés ? Pourquoi je n'intéresse personne ? » Des questions qui touchent à l'estime de soi et minent l'enfant aussi longtemps qu'une discussion avec des adultes n'aura pas lieu ou que l'enfant ne sera pas réintégré dans le groupe. L'exclusion est d'autant plus mal vécue qu'elle s'accompagne d'une mauvaise réputation : le groupe critique sévèrement le look, la façon de parler, le comportement… Autant d'étiquettes négatives posées sur le dos d'un enfant qui les redoute plus que tout et qu'il est malheureusement prêt à croire en secret. Rien ne doit transparaître, même s'il souffre beaucoup de cette mauvaise réputation. Une chance de la restaurer lui permet de retrouver son groupe ou d'en choisir un autre où il pourra vivre une amitié équilibrée.

L'ami imaginaire

« *With a little help from my friend!* » chantent les Beatles. Mais oui, tout est surmontable avec un ami à ses côtés. On observe, dès la crèche, les petits jouer avec un ami réel ou imaginaire.

L'enfant s'invente un compagnon, un confident, il lui parle et en parle, lui donne une forme, un nom, une personnalité, des caractéristiques. Les psychologues constatent que deux tiers des enfants entre 3 et 8 ans nouent une relation intense, chaleureuse et douce avec un tel personnage imaginaire. S'il joue un rôle important dans la vie de l'enfant, cela n'empêche pas celui-ci d'avoir une vision distincte de la réalité.

Ce personnage est très investi émotionnellement, tout le long de sa durée de « vie » (de quelques mois à 3 ans, selon des études récentes). Il joue un rôle important dans la vie fantasmatique de l'enfant car il n'associe à son « existence » que des émotions positives. La relation avec l'ami imaginaire comble les besoins de l'enfant. Elle varie selon l'âge : pour les tout-petits cet ami devient un véritable compagnon de jeux, pour les plus âgés, un véritable confident qui recueille toutes sortes de secrets liés aux joies, peines, désirs ou inquiétudes et, surtout, à ce que ces enfants ne peuvent ou n'osent pas dire aux autres. Dans le cas particulier où l'enfant est confronté à la perte d'un proche, l'ami imaginaire, tout en jouant le même rôle, agit comme substitut à cette perte.

Ce phénomène est universel et normal. Contrairement à certaines idées reçues, le compagnon imaginaire n'est pas inventé uniquement par des enfants timides, isolés ou solitaires. Ce compagnon imaginaire reste souvent secret, puisqu'il est crée par l'enfant qui, tout en y faisant allusion et en admettant son existence, est peu désireux de partager son imaginaire avec des étrangers ou même avec ses parents. À tel point que de nombreux parents tombent littéralement des nues lorsqu'ils découvrent l'importance de ce membre invisible de la famille. Les enfants expliquent souvent leur motivation à garder secret ce personnage par le fait que cet ami ne peut être vu et touché que par eux-mêmes, alors à quoi bon en parler aux autres ?

Toutefois, lorsqu'on réalise qui est l'ami imaginaire, on comprend aisément pourquoi l'enfant est réticent à partager avec autrui les faits et gestes de son compagnon.

Le plus souvent, ce compagnon imaginaire ressemble à l'enfant lui-même : même sexe, même âge, même taille, même couleur d'yeux, mêmes habits, mêmes intérêts, etc. Parfois, mais rarement, il peut aussi s'agir d'un animal ou d'une créature fantasmatique. L'ami imaginaire est d'une grande utilité. Il sert à découvrir et à accepter la réalité. Ces personnages dotés de pouvoirs magiques peuvent faire toutes sortes d'expériences à la place de l'enfant. Ils entraînent l'enfant à distinguer la réalité interne de la réalité externe.

Une petite fille de 4 ans demandait tous les jours à ses parents de laisser la télévision allumée pendant qu'elle était à l'école. Intrigués, les parents se demandèrent si leur petite fille était inquiète. Après lui en avoir parlé, ils comprirent que la télé devait distraire Chiny, l'amie imaginaire de leur fille.

On a constaté que ces enfants à l'imagination et à la créativité développées devenaient les champions du « faire semblant », trouvaient plus facilement leur place dans un groupe et en étaient éventuellement le leader.

Cela étant dit, il ne sert à rien d'intervenir dans cette relation, de vouloir convaincre l'enfant que cet ami n'existe pas dans la réalité. Il le sait, en partie, tout en n'ayant pas envie de le savoir. Et le moment venu il sera capable de vous dire : « Tu sais, il n'existe pas. »

Secrets et confidences entre amis

Les amis, les intrigues, les plaisirs et les trahisons peuplent le jardin secret de tous les enfants. Même si nous pouvons les épauler, ils préfèrent en cas de crise ou de difficulté, se confier à leurs copains. La charge du récit est plus grave puisque l'enfant attribue à son copain, quel que soit son âge, des pouvoirs immenses. Déjà tout petit, l'enfant cherche un ami pour la vie, une oreille attentive pour les jours de tristesse ou de peur. Le perdre est inconcevable. L'enfant fera tout pour que cela n'arrive pas. Par ailleurs, s'il s'agit de rejet ou d'amour, il ne dira rien à ses parents de crainte d'être jugé, d'avoir honte qu'ils connaissent un sentiment si intime.

Parfois un enfant peut se sentir rejeté à la naissance d'un frère ou d'une sœur. Il s'inquiète en secret, se pose quantité de questions, notamment sur la soudaine fragilité de sa place dans la famille, surtout s'il est encore enfant unique. La fratrie est le lieu de bien des sentiments excessifs, et l'aîné devra négocier en permanence entre l'amour et le rejet, autant de sentiments qu'il gardera secrets pour éviter les remontrances et les punitions. L'idée de perdre sa place d'unique préféré lui est insupportable ; pour rien au monde il ne partagerait l'amour de ses parents avec un autre, la jalousie s'empare de lui et la compétition s'engage avec cet intrus redouté. Mais cette jalousie se manifeste différemment selon l'âge de l'aîné : tout petit, il demandera à ses parents si on peut mettre le bébé à la poubelle ; plus âgé, ils jouera l'indifférence, voudra le serrer à l'étouffer, le faire crier… Autant de souhaits à cacher coûte que coûte aux parents, mais pas aux précieux amis. Avec les amis, rien de tel. Leurs sentiments sont plus francs et, en cas de problème, chacun tente de les résoudre au mieux. Les sentiments entre frères et sœurs sont complexes : jalousie, amour, admiration, hostilité... Une dispute avec un frère ou une sœur peut prendre des proportions démesurées et durer longtemps.

Le secret s'impose aussi aux enfants quand il s'agit de leurs amours.

« Gisèle, la maman de Léa (CE2) raconte :

À la fête de l'école, Léa faisait un numéro de danse. Elle avait choisi Léo pour partenaire. Ils étaient si contents d'être ensemble. C'était si important pour eux, que j'ai dû confectionner le costume de Léo pour être sûr qu'il serait fait dans le même tissu que celui de Léa.

À la fin de leur numéro, au moment des applaudissements, j'ai entendu : "Ah, les amoureux!" Je n'ai pas fait attention. Plus tard, sur les photos, j'ai décelé une sincère tendresse entre eux. J'ai même dit à ma fille qu'à les voir, on pourrait penser qu'ils étaient amoureux. Léa est devenue toute rouge et a rétorqué : "Non maman!" puis a filé pleurer dans sa chambre. "Pourquoi tu pleures?" lui ai-je demandé. "Parce que je veux pas qu'on se moque!" m'a-t-elle répondu, en larmes. »

Autre histoire racontée par Nadia, la maman de Paul, élève en maternelle.

« Paul et Pauline jouent tout le temps ensemble. En décembre, nous sommes partis en vacances à la montagne où Paul a insisté pour envoyer une carte postale à Pauline. Il a dicté à son père le texte suivant : "C'est pour toi, garde-le, je reviens lundi." Son papa attendri s'exclame : "Mais alors, mon grand, tu l'aimes, ta Virginie! – Oui, c'est ma copine! Quand je serai grand je me marierai avec elle!" a répondu Paul. »

Ces enfants nous disent qu'à 5 ans ou à 8 ans, aimer c'est sérieux. Ils aiment jouer, rire, se faire admirer... L'alchimie qui rapproche les adultes opère d'abord avec les enfants ; ils partagent jeux, mots, moments... joie, jalousie, chagrin, complicité, manque... Des émotions que l'adulte vivra différemment sans que la trace de l'enfance disparaisse complètement. Des psychologues ont observé que ces tout jeunes enfants qui avancent à deux, comme des petits couples, suscitent la bienveillance de leurs amis, et peut-être même l'envie.

À nous de respecter ces premiers émois amoureux, de nous mettre à distance en évitant les conseils. Soyons compréhensifs, répondons à leurs demandes avec délicatesse et n'adressons nos questions ou inquiétudes qu'à d'autres adultes.

La juste place des parents

Il est important de garder à l'esprit que les enfants grandissent autant au contact de leurs pairs, de leurs amis en particulier, que de leur famille. Leurs amitiés et leurs amours, quel que soit leur âge, sont des affaires sérieuses. Les adultes ne se rendent souvent pas compte que la réaction de l'enfant qui prend mal qu'on n'ait pas de considération pour ce qui lui importe, voire qu'on s'en moque gentiment, n'est pas une absence d'humour. La taquinerie est véritablement perçue comme une agression à l'égard de ce qui compte pour lui. Donc gardons toujours à l'esprit que ce sont des expériences personnelles qui aident à grandir. À l'école de la vie, elles permettent d'apprendre à dépasser des expériences parfois douloureuses. Elles insufflent l'enthousiasme de la découverte de soi et de l'accomplissement dans la relation aux pairs. Elles portent la socialisation et travaillent pour le bien-être futur. Et dans la mesure où nous le pouvons, encourageons ces relations.

Acceptons l'idée que des expériences, bonnes ou moins bonnes, que des sentiments, positifs ou non, sont des sujets privés, et donc que nos enfants traitent avec leurs amis qui font partie de leur construction identitaire.

Enfin, pour accompagner utilement nos enfants, commençons d'abord par apprendre ensemble les vertus de la patience. Dans leur découverte de la relation à l'autre, nous pourrions :

– Éviter d'envahir leur espace mental sous prétexte de leur faire partager notre expérience : c'est de la leur qu'ils ont besoin. Et si jamais ils veulent connaître la nôtre, pas de souci, ils nous le feront tout simplement savoir.

– Traiter ce qu'ils vivent avec respect : en nous mettant à leur place ou en nous rappelant nos exploits à leur âge, nous prendrons la mesure de leurs réalités et de leur importance. Pensons-y, mais gardons-nous de leur rappeler que nous avons vécu ce même genre d'expérience avant eux. Ils nous diront, à juste titre : « Tu ramènes tout à toi. »

– Attendre leurs sollicitations : quand ils sont prêts, cela vient tout seul.

– Et dans l'attente : effectuer allègrement et consciencieusement notre travail de parents en les observant, les comprenant, les acceptant comme des petits êtres en construction. Donnons-leur nos points de vue, montrons-leur nos sentiments, sans les obliger à les cautionner.

Et surtout, n'hésitons jamais, jamais, à partager nos remarques, questions ou observations avec nos meilleur(e)s ami(e)s à nous.

5

Communiquer sincèrement

Par notre attitude ou notre conduite, il nous arrive quotidiennement, reconnaissons-le, de bloquer nos enfants dans leur spontanéité envers nous ou de les amener à chercher le réconfort dans leur jardin secret.

Penser à soi, se remettre en question est bien difficile pour des parents des temps modernes qui assument tout, constamment, avec efficacité et dynamisme. Il est pourtant nécessaire de s'arrêter de temps en temps pour questionner nos comportements, analyser leurs conséquences sur nos enfants, évaluer nos difficultés ou nos succès avec eux. Ce travail sur soi est indispensable à une bonne communication familiale et il amène les enfants à nous guider vers leur jardin secret.

La petite autocritique constructive proposée ci-après nous fera le plus grand bien et nous aidera à pointer nos maladresses qui ont l'effet inverse de celui qu'on souhaitait. Mais gardons à l'esprit que nos éventuels comportements maladroits sont inconscients, donc ni prémédités ni calculés. Ils se mettent en place d'une manière insidieuse et, lorsque nous nous en apercevons, ils sont déjà bien installés. Rappelons-nous également que l'observation, la réflexion, le recul et... l'humour sont des outils infaillibles pour trouver le moyen de changer.

Au commencement de notre aventure en parentalité, il y a le très fort désir d'obtenir le meilleur pour nos enfants.

Nous souhaitons de tout notre cœur qu'ils soient armés pour affronter le présent et le futur et luttons à leurs côtés pour développer leur intelligence, leur sens de l'initiative, leur autonomie, leur sens des responsabilités, leur sens de l'humour et leur sensibilité aux besoins d'autrui. Nous voulons établir avec eux un lien vrai, respectueux et riche, créer un climat émotionnel qui les encourage à la communication et au partage, car nous les aimons et nous désirons vivement qu'ils apprennent à s'aimer aussi. Nous voulons créer une ambiance familiale qui les incite à parler parce que leur vie nous intéresse au plus haut point et parce que nous voulons qu'elle les intéresse autant.

Or nous découvrons régulièrement que notre enfant ne se laisse pas façonner et n'est pas un autre nous-même. Et nous en sommes toujours un peu surpris, du fait sans doute des représentations idéales que nous nous en faisions et de nos attentes irréalistes. Bien au contraire, dès les premiers jours de vie, il a montré des traits de caractère nettement affirmés, déconcertants parfois, et des besoins qui lui étaient clairement spécifiques. Le décalage entre notre idéal d'enfant et la réalité du nôtre est très souvent décevant. Ce n'est pas tellement l'enfant lui-même qui en est responsable, mais cette idée assassine selon laquelle nous ne pouvons être des parents compétents qu'avec des enfants semblables à ceux qui sont déjà fabriqués dans notre esprit. Parce que avec ceux-là on saurait y faire. Parce que ceux-là, au moins, on les connaît. Plus cette idée est prégnante, plus notre frustration grandit, à la mesure du décalage entre notre rêve et la réalité.

Pour devenir des parents heureux et le rester, pour ne plus se sentir frustrés, il nous faut découvrir le fonctionnement singulier de chacun de nos enfants et nous efforcer de communiquer avec eux. Dès son premier jour, l'enfant est une personne, unique et respectable comme toute autre personne. Mais cela n'implique pas un fonctionnement adulte (contrairement à ce que certains attendent). Dans notre culture, il est à la fois petit et fragile, évoluant selon les étapes de l'enfance, et une personne à part entière, méritant d'être traitée avec respect et considération.

Comprendre le point de vue de l'enfant

– Il est trop sensible, il se fait un monde d'un rien. C'est normal, à chaque stade de son évolution l'enfant a des tâches développementales, des ressentis, des intérêts et des priorités très différents de ceux des adultes. Prenons, par exemple, le monde émotionnel. Les sentiments d'un enfant, à n'importe quel âge, sont profonds et vrais. Il est donc nécessaire de les prendre très au sérieux, même si, en tant qu'adultes, la situation qui les déclenche nous paraît bien moins dramatique. Devant des larmes au retour d'une colo formidable qui attestent incontestablement du chagrin de la séparation, si l'on réagit de manière raisonnable et pragmatique : « Il n'y a pas de quoi pleurer, tu repartiras en colo l'année prochaine », nous nous montrons des adultes pressés, qui ne tiennent pas compte du point de vue de l'enfant profondément affecté par cette séparation.

La tristesse ou le désarroi de nos enfants nous insupportent parce qu'ils suscitent en nous de l'anxiété (je dois faire des choses pour le calmer, lui épargner des émotions négatives, vite, vite, etc.) et de la culpabilité (si je ne lui redonne pas tout de suite le sourire, c'est que je suis une mauvaise mère). Pour lutter contre notre propre désarroi lorsqu'on les voit malheureux, il nous arrive de ne pas accepter ce qu'ils ressentent authentiquement et, ce faisant, de nier leur point de vue en le banalisant à outrance.

Ajoutons à cela que nier leurs sentiments énerve et perturbe les enfants plus que toute autre chose. Il est tout à fait illusoire de vouloir convaincre un enfant de la gratuité de ses plaintes et de la futilité de ses perceptions. Nous ne sommes pas dans la même logique et vouloir leur imposer la nôtre mène directement aux conflits et aux sentiments d'hostilité.

Les remarques et suggestions du genre : « On ne se met pas dans tous ces états pour rien », « Il n'y a pas de quoi avoir peur », « Allez fais un sourire, la douleur va s'en aller », « Pense que tu es heureux et tu vas l'être »... balayent immédiatement tout droit à l'émotion vraie et ferment définitivement toute possibilité de dialogue. Elles ne répondent en rien au besoin de réassurance des enfants et ils les interprètent comme des preuves de notre indifférence. Et, de ce fait, ils risquent de se retrouver encore plus malheureux, frustrés et désorientés. Désorientés, parce qu'ils commenceraient à douter de ce qu'ils éprouvent (est-ce que j'ai raison d'être triste pour si peu ?). Et si la réponse est non, elle pourrait entamer le capital de confiance en soi.

Désorientés aussi, car ne sachant que faire de leurs émotions (comment les identifier, les comprendre et les gérer ?), ils pourraient penser que nous, parents, nous leur demandons de verrouiller la porte à leurs sentiments pour n'exprimer que des émotions qui nous conviennent. De telles croyances ne favorisent ni l'ouverture ni le laisser-aller nécessaire aux confidences. Mais, au contraire, elles fonctionnent comme des barricades qui ferment encore plus le chemin vers leur monde intérieur et leur jardin secret.

Alors comment aider l'enfant lorsque nous percevons des signaux de détresse ? Comment favoriser le dialogue ? Quel sens prend, pour lui, notre offre de secours ?

D'abord prendre le temps de réfléchir. L'exploration intérieure n'est pas très compliquée puisqu'il s'agit de se remémorer des faits marquants dans le sens positif et, surtout, négatif. La question à se poser porte sur nos réactions et les messages subliminaux qu'elles leur adressent. Ma réaction était-elle appropriée ou démesurée et, si elle était démesurée, pourquoi ? Fatigue, colère, déception ?

Ce travail intérieur apaise parce qu'il nous permet de reconnaître (enfin !) nos propres besoins. Et, qui sait ? de commencer à nous changer un peu.

Se faire, le temps de l'échange, le miroir de leurs émotions. Agir en miroir implique d'identifier leurs émotions et de verbaliser leurs souhaits inexprimés.

Si on reprend l'exemple des pleurs au retour de la colonie de vacances, au lieu du : « Ce n'est pas la peine de pleurer, tu repartiras l'année prochaine » qui est une fin de non-recevoir, essayons : « Comme c'est difficile de se séparer, alors que c'était si bien ! Comme c'est triste d'interrompre de si bons moments ! La colo te manque déjà et tu penses que plus jamais tu ne vivras des instants pareils… » Une réponse empathique et sincère est rassurante et établit instantanément une intimité. En acceptant la détresse d'un enfant et en la lui verbalisant, nous le ressourçons pour qu'il trouve en lui-même le courage et la force d'investir ailleurs et d'affronter la réalité. De surcroît, nous le sensibilisons aux réalités de la vraie vie et nous lui enseignons qu'il est possible de surpasser d'inévitables déceptions et conflits. Et tout cela dans une petite phrase aussi simple parce que, lorsqu'il se sent compris l'enfant se trouve immédiatement mieux soutenu et donc moins seul. Son amour pour ses parents grandit et avec lui la confiance dans leur relation et la volonté de rechercher leur aide en période de crise. Et le fait d'accepter ses petits problèmes sans les critiquer l'incite à baisser la garde et à se confier plus facilement.

Dans quelles autres situations réactiverons-nous notre fonction miroir ?

Souvent lorsque, soudainement, notre enfant porte un jugement sur lui-même. Pour ouvrir le dialogue, il est important de ne pas répondre « Pourquoi ? » parce que, derrière les paroles de l'enfant, se cache, le plus souvent, un fort désir de réassurance. Par exemple, quand un enfant déclare qu'il est bête, moche, méchant, rien de ce que nous pourrons affirmer ne modifiera instantanément sa perception de soi. Quand un enfant exprime une vue négative sur lui-même, nos négations ou nos protestations ne sont pas d'un grand secours. C'est bien connu, l'opinion qu'une personne se fait d'elle-même résiste aux tentatives directes de changement.

Donc, réussir sa fonction parentale de miroir, c'est aussi savoir patienter pour différer une réponse pleine de bons conseils au profit d'une question empathique ou d'une réaction qui déplace le débat vers la sphère émotionnelle ou relationnelle.

Dans ces situations, on l'aidera plus en se montrant compréhensif à l'égard de son point de vue : « Oui, je vois ce que tu ressens et ce que tu crains. »

Par exemple, à l'affirmation : « Je suis timide, je ne sais pas comment me faire des amis », une réponse du type (rassurante pour nous parents) : « Mais non, c'est pas vrai, vas-y prends-toi en charge et ça marchera ! » peut devenir assez inquiétante pour l'enfant. D'abord, parce qu'elle ne traite pas son problème, ensuite, parce qu'elle risque de lui signifier que même nous, ses propres parents, ne l'acceptons pas tel qu'il est puisque nous nions son éprouvé et ses craintes. En bon miroir parental, une réaction du type : « Tu ressens des choses bien lourdes » ou : « Tu vois les choses de cette manière parce que tu as été déçu », ou encore : « Tu as peur que tes copains te laissent de côté » ouvre vers le dialogue et la confidence. L'enfant est sûr que nous n'allons ni le critiquer, ni le rejeter, ni le pousser, contre sa volonté, vers des actions qui lui font peur.

Ainsi, les clefs d'une fonction miroir réussie sont *la compré-*

hension et *l'acceptation* afin de permettre à nos enfants de découvrir que leurs craintes sont normales et que les émotions qui y sont associées font partie du répertoire de chacun.

Une première question que posent les parents est : lorsque l'enfant exprime des vues négatives sur lui-même, faut-il lui demander directement pourquoi ? La réponse dépend vraiment de sa personnalité. Certains enfants sont capables d'expliquer ce qu'ils ressentent, d'autres pas encore. Pour ceux-là, une question directe ajoute un problème supplémentaire. La plupart du temps, les enfants, et surtout les tout-petits, ne savent pas pourquoi ils vivent telle ou telle émotion. Dans ces cas-là, à nous de verbaliser différentes possibilités selon ce que nous avons compris de la situation et sans nous préoccuper du tout de leur véracité.

L'important, c'est de construire des pistes de réflexion avec lui. Exemple : « Tu dis que tu es timide et ne sais pas te faire des amis... :

– est-ce que c'est parce que tu as peur qu'ils t'insultent, qu'ils se moquent, qu'ils te disent non ? (nous mettons l'accent ici sur la peur de la réaction d'autrui qui peut freiner l'enfant) ;

– est-ce que c'est parce que tu ne sais pas quoi faire, que dire, quel jeu inventer ? » (nous tentons d'investiguer ici le sentiment de confiance en soi), etc.

Grâce à ces suggestions, l'enfant peut choisir la situation qui ressemble le plus à son vécu du moment, se sentir soulagé et compris.

D'une manière générale, retenons que les questions directes véhiculent l'idée de curiosité, alors que les phrases affirmatives véhiculent l'idée de sympathie et d'empathie.

Une deuxième question que se posent bon nombre de parents est : comment pouvons-nous nous rendre compte de ce que nos enfants pensent et ressentent ? Eh bien, par eux, tout simplement ! Ils nous donnent régulièrement de précieux indices. Quand un enfant, habituellement gai, revient de l'école en traînant des pieds et s'enferme dans sa chambre au lieu de se précipiter pour goûter, il est clair que dans sa journée il s'est passé quelque chose qui le tracasse et qu'il est possible qu'il veuille le dissimuler. Pour lui permettre de s'ouvrir, évitons d'abord toute question directe, les quoi ou pourquoi non désirés ; puis continuons par la description évidente de la situation en nous exprimant par l'affirmative : « Aujourd'hui, ce n'est pas comme d'habitude. »

Il y a des enfants qui préfèrent ne pas parler du tout lorsqu'ils sont malheureux. Ils se rassurent au contact d'un parent attentif et patient. Imaginez que votre enfant est de ceux-là : vous conviendrez que le bombarder de questions ne sert à rien. En revanche, si vous rentrez le soir chez vous et que vous le voyez blotti dans votre fauteuil préféré, que ferez-vous ? Vous allez vous asseoir à côté de lui, lui caresser les cheveux et lui murmurer : « Oh, quelque chose s'est passé aujourd'hui ! » – et vous attendrez patiemment, en silence, qu'il vous raconte ce qui le chagrine ou qu'il s'apaise tranquillement et qu'il passe à autre chose.

Enfin, acceptons aussi le fait que, à d'autres moments, ils n'ont pas du tout envie de nous raconter le pourquoi de leurs états d'âme, de peur de nous voir nous fâcher : « Quoi, c'est uniquement pour ça que tu es malheureux ? »

Adopter le point de vue de l'enfant pour voir sa vie avec ses yeux

Autrement dit, nous mettre à sa place. Tout devient facile si on se pose la question qui libère : « Si j'étais à sa place et que j'avais un meilleur ami qui déménage et qui me laisse tout seul, quels seraient mes sentiments ? » La réponse viendra d'elle-même : « Je me sentirais triste et peut-être même inquiet à l'idée que je n'aurais peut-être plus un tel compagnon de jeux avec qui traîner et partager mes secrets. »

Prenons l'exemple des tâches ménagères que toutes les familles connaissent : « Il ne fait rien pour m'être agréable. Il traîne quand je l'appelle. Il ne regarde pas ce qui peut me faire plaisir. Il n'aide pas à la maison. Il sait que je n'aime pas voir du désordre, etc. » Si tous les parents s'énervent face à ces réactions, ou à cette absence de réactions, de l'enfant, c'est en grande partie parce qu'ils se sentent ignorés dans leur position d'autorité et déçus dans leurs attentes. La déception mène à la colère et la colère à la recherche d'un bouc émissaire, en l'occurrence l'enfant, soupçonné de faire exprès et de ne pas prendre en compte les souhaits de ses parents. Dès lors que nous sommes convaincus que cette négligence est intentionnelle, les malentendus s'installent et le cercle vicieux des revendications, punitions, ou incompréhensions, se déclenche.

Mais si nous arrivons à dominer notre irritation et essayons de nous mettre à sa place, il nous apparaît que notre enfant est bien loin de le faire exprès, simplement, il évolue dans un autre monde que le nôtre. Plongé dans un jeu, dans une discussion téléphonique forcément très importante, dans son programme télé préféré... il vit selon ses priorités personnelles, des activités correspondant à ses valeurs d'enfant. De là à prôner la déresponsabilisation des enfants, il y a un pas que nous ne franchirons pas : comprendre un point de vue, ce n'est ni l'accepter inconditionnellement ni l'absoudre. Au contraire, il est normal et utile, pour qu'il acquière la notion de responsabilité, que l'enfant participe, de sa place, aux nécessités de la vie familiale, mais raisonnablement et de façon appropriée à son âge.

En nous mettant à sa place pour saisir l'importance de son investissement ailleurs que dans nos priorités, nous désamorçons la bombe qu'est l'accusation : « Tu le fais exprès », et donc la déception, la colère et autres sentiments négatifs indésirables, si prompts à apparaître et si longs à s'estomper.

Une fois qu'on s'est mis à sa place et qu'on a bien compris comment il ressentait les choses, nous usons de nos autres outils de parents que sont la patience et la faculté d'être le miroir de ses émotions. Et nous entamons la négociation dans laquelle le choix n'est pas entre oui et non, faire ou ne pas faire, etc. mais entre maintenant ou plus tard, entre faire telle tâche, ou telle autre :

– Je vois que la table n'est pas mise ! Je connais quelqu'un qui a été bien passionné par son jeu !
– Oui, tu sais, en plus, c'était trop bien…
– Mais alors je connais quelqu'un qui va m'aider maintenant à mettre le couvert !
– Non, maman ! Attends !
– Bon, alors, je m'occupe d'autre chose et dans dix minutes le couvert est mis.
– Non, maman, dix minutes, c'est trop peu, tu ne sais pas, c'est trop peu…
– Dernière possibilité sans discussion aucune, tu joues encore un peu maintenant, mais tu débarrasseras la table sans grogner, sans te presser, sans discuter…
– D'accord.

Dans cette séquence et pour que ce type de réaction amène au résultat escompté, à savoir l'incitation à la responsabilité, tout discours doit obligatoirement être suivi d'actions cohérentes et d'actes appropriés. C'est ce qu'on appelle donner l'exemple. Le début de la responsabilisation commence avec des attitudes parentales d'ouverture qui offrent aux enfants une certaine forme de liberté (bien encadrée).

Adopter le point de vue de nos enfants, c'est donc d'abord tenter d'imaginer ce qu'ils ressentent, pensent et désirent à un moment donné et ensuite tenter de répondre non seulement en fonction de leur vécu, mais aussi en fonction de ce que pourrait être leur comportement. C'est également nous permettre, à nous parents, d'être plus souples, plus patients, plus à l'écoute et donc plus ouverts dans le dialogue avec eux.

Des paroles efficaces plutôt que des discours qui n'en finissent pas

« Maman, pourquoi tu parles beaucoup quand je te pose une seule question ? » dit Jérémie (8 ans). Et Émilie (8 ans) : « Maman, quand je te pose une question, réponds seulement à la question ! » Les enfants résistent aux dialogues avec les parents, ils pensent qu'ils parlent trop (ce qui n'est pas faux), prêchent trop souvent (ce qui est, tout de même, vrai), critiquent sans comprendre (parce qu'ils s'inquiètent et veulent se réassurer), donc à quoi bon faire attention à ce qu'ils disent ?

Un observateur caché serait étonné du peu d'écoute réciproque entre enfants et parents dans certaines circonstances. Il noterait le fait que de nombreuses conversations prennent la forme de monologues, où les uns s'énervent et s'enfoncent (les parents), les autres nient en bloc et résistent (les enfants).

Lorsque nous repérons chez nos enfants des comportements qui nous surprennent ou qui nous inquiètent, nous avons tendance à les questionner sans relâche. Devant leur mutisme, et en vertu de l'idée que nous devons réagir en notre qualité de parents, nous décidons de leur faire entendre raison. Et là, des discours s'enchaînent plus ou moins émaillés de leitmotive du genre : « C'est pour ton bien », « Ce n'est pas responsable », « Il faut savoir ce que tu veux dans ta vie », « Il n'en faut pas beaucoup pour que ça marche… »

Plus l'enfant se tait, plus le discours se développe, selon la croyance, fausse, qu'il faut insister et que plus c'est long, mieux il va comprendre. Frustration pour tout le monde au bout du compte : les parents n'ont obtenu aucune information supplémentaire, et l'enfant a retenu un message négatif le concernant (en partie probablement vrai). De surcroît, une trop grande insistance dans les questions, les interprétations ou les préconisations est ressentie comme une intrusion qui n'a d'autre effet que de bloquer l'accès au dialogue véritable.

Devant cette déception, combien de fois les mères ne s'entendent-elles pas en appeler au père qui « va te parler puisque tu ne veux pas m'écouter ». Ce qui signifie clairement qu'il y a encore de longs discours en perspective !

L'alternative à ce comportement envahissant consiste à observer notre enfant, à discuter de nos craintes avec d'autres adultes de confiance, à lui exprimer ce que nous ressentons avec des mots qui le reflètent, justement, et à lui laisser le temps de s'approprier nos différents messages. Si nous sommes attentifs et sincères dans notre attitude, ce que nous disons à l'enfant chemine, le touche et lui permet de réfléchir.

Il est clair que ce n'est pas toujours facile, mais au moins nous restons crédibles et responsables en tant qu'adultes !

Lorsque l'enfant nous pose une question qui nous intéresse, nous intrigue ou nous gêne, nous avons également tendance à nous embarquer dans un laïus qui n'en finit pas.

En prenant soit la posture de l'orateur qui aime s'écouter parler avec l'enfant qui s'ennuie si la réponse est trop longue, trop détaillée ou trop complexe, soit celle du détective qui cherche à découvrir la Vérité. Les détours que nous faisons par notre propre expérience (représentant dans notre esprit une façon de prêcher le faux pour avoir le vrai) étonnent, voire finissent par gêner l'enfant, qui n'en voit pas la cohérence. Ou encore la posture du dissimulateur qui, inquiet, ayant du mal à répondre, essaie de dévier vers des sujets moins problématiques, dans un flot de paroles destinées à noyer le poisson. L'enfant n'est pas plus dupe et il se bloque, car il déduit de notre gêne qu'il est sur un terrain fragile et glissant qui pourrait nous faire du mal.

Or l'expérience montre que les enfants parlent de ce qu'ils veulent, quand ils veulent et à qui ils veulent. Les enfants ouvrent les portes de leurs jardins secrets de manière soudaine et inattendue, en tout cas lorsque leurs parents s'y attendent le moins.

Par exemple, une phrase telle que « Je déteste ma sœur ! » suscite immédiatement de la panique et de l'inquiétude. Mais ce que nous avons de mieux à faire dans ces situations est d'éviter de :

– s'énerver : « Comment tu peux dire une chose pareille, c'est n'importe quoi, tu n'es pas gentil, tu es méchant… » Il est certain que non seulement nous ne l'aidons pas, mais qu'en plus nous le culpabilisons en lui laissant entendre que nous pourrions être du côté de sa sœur.

– nier son ressenti : « Il n'y a pas de quoi haïr ta sœur, elle est mignonne, gentille. » On ne peut qu'accroître le ressentiment puisqu'on ne fait qu'énumérer les belles qualités de la sœur détestée.

– lui tenir des discours du genre : « Écoute, c'est ça la vie, il faut faire face, car on n'y peut rien. Tu as une sœur et tu l'auras toujours. » Ce type de réponse ne fait qu'énerver encore plus l'enfant qui ne voit pas son problème se résoudre. Au contraire, il se sent assommé à la perspective de ne jamais en être débarrassé. En outre, les enfants détestent les leçons de morale. Ils trouvent cela ennuyeux, n'écoutent pas et pensent à autre chose, dans une attitude de type « cause toujours » qui nous exaspère.

– lui donner des conseils : « Voilà, pour ne plus haïr ta sœur, c'est simple, tu vas lui faire un bisou, tu lui dis de jouer avec toi, comme ça, tu verras que tout se passera bien et tout ça sera bien vite oublié ! » Certes, il serait rassurant d'avoir une solution toute faite pour aider notre enfant à résoudre son problème. Mais là nous utilisons une forme de déni, nous ne tenons pas compte de sa réalité à lui qui se trouve mis dans une position de soumission extrême ne pouvant qu'augmenter sa rancœur et l'inciter à ne plus raconter ce qu'il ressent.

– faire de la psychologie : « Non, mais tu n'y crois pas vraiment, tu me dis tout ça parce que tu crains que j'aime plus ta sœur et que je lui accorde plus de temps et d'attention qu'à toi. C'est naturel de réagir comme ça lorsqu'on craint de perdre l'amour d'une mère… » En agissant ainsi, nous l'empêchons de se débrouiller seul avec ses problèmes.

Alors pourquoi, en tant que parents, parlons-nous autant ?

D'une manière générale, c'est parce que nous ne supportons pas l'idée que l'aide ne vienne pas de nous. Car qui l'aime mieux que nous ? Qui le comprend et le défend mieux que nous ? Avec des tout-petits, nous sommes désarmés, tant leur désir de savoir est porté par leur infatigable plaisir de questionner. Nous savons, sans trop le savoir, qu'au travers de ses questions notre tout-petit nous sonde et nous interroge pas seulement sur le monde mais sur une question très grave : « Qui suis-je pour toi ? »

Enfin, conditionnés par la tendance contemporaine (l'important, c'est d'en parler !), nous pensons éduquer nos enfants uniquement par le verbe, le dialogue et la compréhension mutuelle. C'est très vrai, à condition de parler utile. En soutenant notre propos par des actes cohérents, en leur laissant du temps pour s'approprier, à leur rythme, nos remarques, en évitant de tomber dans le piège d'un verbiage inconsidéré, afin de leur permettre de réfléchir par eux-mêmes et trouver leur réponse. Car ce que souhaitent les enfants, ce qu'ils aiment par-dessus tout, ce qui les rend fiers et confiants c'est d'aboutir par eux-mêmes, même s'ils sont un petit peu guidés, à la réponse. C'est pourquoi il est également très important de donner à nos enfants un vocabulaire qui reflète leur expérience intérieure. Du moment où ils ont les mots pour ce qu'ils sont en train de vivre, ils peuvent commencer à s'aider eux-mêmes.

Des réactions apaisantes au lieu de consolations inquiétantes

« Encore ! Ce n'est rien mon chéri, mais tu n'apprendras donc jamais ! » Même tout petit, et dans sa vie de tous les jours, l'enfant est confronté à des situations qui suscitent en lui des réactions émotionnelles. Rencontres, jeux, histoires, contes et spectacles déclenchent des sentiments divers qu'il vit avec l'intensité de sa candeur et de son inexpérience. Dans une journée standard, il éprouve bien plus de sensations fortes que nous ne l'imaginons, des sensations dont le pouvoir doit être reconnu et canalisé. Ces émotions ne peuvent être niées. Les ignorer mènerait tout droit à la catastrophe.

Donc, la question à nous poser est celle de la meilleure manière d'interagir avec eux lorsqu'ils sont happés par la force de leurs émotions ou submergés par un gros chagrin. Or, lorsqu'ils sont en proie à des émotions intenses, qu'ils sont inconsolables et ne peuvent écouter personne. Ils ne peuvent accepter ni le réconfort, ni les conseils, ni la critique constructive. Ils veulent juste comprendre ce qui se passe à l'intérieur d'eux-mêmes et déchiffrer ce qu'ils ressentent à ce moment particulier.

En outre, ils ont envie d'être compris sans avoir à révéler tout ce qu'ils vivent à l'intérieur d'eux-mêmes. C'est comme un jeu : ils nous montrent une toute petite partie de leur ressenti et nous invitent implicitement à deviner le reste.

Nous sommes mardi. Nora, 8 ans, revient à la maison après les cours, contente de prendre son goûter. À la dernière bouchée,

elle réalise qu'elle a oublié d'aller à la danse. Or la danse c'est très important, d'abord parce qu'elle a une belle tenue, puis parce qu'il y a aussi toutes les copines. Malheureuse et paniquée, Nora s'allonge en larmes sur le lit de sa mère. Celle-ci arrive et s'étonne : Nora, ma chérie, tu as l'air si malheureuse ! (*Constat et acceptation du chagrin.*)
Avalant ses sanglots, Nora répond : « Il y a danse. » Et c'est tout. C'est donc à sa maman de deviner sa déception et à la verbaliser :
– Oh, là, là ! ma chérie, comme tu es déçue, tu as oublié d'y aller et maintenant que le cours est commencé, tu ne sais pas quoi faire. » (*Reflet du ressenti et acceptation.*)
Pas de réponse de la part de Nora, mais l'intensité des sanglots commence à diminuer.
– Tu aimerais peut-être y participer, même pour un petit bout de cours. (*Formulation des souhaits profonds.*)
Un mini-grognement approbateur parvient à s'exprimer.
– Mais peut-être que tu ne sais pas si le prof va vouloir ? (*Formulation de craintes non exprimées.*)
– Moui.
– Le cours a commencé depuis à peine huit minutes, si tu pars tout de suite, tu peux y être vite et danser trois quarts d'heure. (*Début d'introduction de conseils.*)
Nora se tourne vers sa maman et la regarde avec incrédulité :
– Et en plus en chemin tu penseras à ce que tu dois dire au prof.
– Quoi ?
– La vérité, par exemple, ça arrive à tout le monde d'oublier.
– Ouais !
Nora bondit et part en courant pour revenir une heure plus tard, rouge de plaisir, traînant d'une main ses affaires et gardant précieusement dans l'autre les bonbons offerts par Lilia, comme pacte de leur amitié.
– C'était trop bien !
– Qu'est-ce qu'il a dit, le prof ?
– Que ce n'est pas grave et que j'ai bien fait de venir, même un peu.

En tant que parents, nous connaissons notre enfant, son caractère, ses craintes et ses réactions. Et, nous connaissant nous-mêmes, nous nous appuyons aussi sur notre expérience personnelle. Nous savons aussi que pour l'aider il nous faut d'abord calmer ses émotions puis gérer son comportement. Nous pouvons ainsi reconnaître ses émotions et les apaiser en les verbalisant, en commençant par nous occuper de ce qu'il ressent, c'est-à-dire lui montrer notre empathie par des signes soit physiques, de rapprochement, en le prenant dans les bras, soit verbaux, par des mimiques, des « mmh, oui, d'accord, je vois ». Nous devons prendre le temps de nous occuper de son comportement. Cela ne servirait à rien de pointer ce qui ne va pas, car il est difficile pour un enfant de penser clairement et de s'apaiser lorsqu'il est questionné, critiqué ou bombardé de conseils. Les enfants n'ont aucune raison de douter de ce que leurs parents leur disent. Ils acceptent tout, même la critique et les remarques négatives. Et s'ils ne retiennent que ces messages-là du discours parental, ils n'en deviennent que plus inquiets et/ou renfermés.

Donc, ne pas oublier qu'il faut commencer par **affirmer sa compréhension avant de donner des instructions ou des conseils.**

En revanche, lorsque les parents écoutent avec attention lorsqu'ils essaient de comprendre les sous-entendus de leur enfant, lorsqu'ils s'abstiennent de propos insultants (« Tu es une honte, un fléau, un imbécile »), lorsqu'ils acceptent d'entendre les ressentis pénibles, ils le guident incontestablement vers la confiance et la compréhension. Bannir une émotion ne la fait pas disparaître, mais l'accepter avec empathie et compréhension peut l'estomper.

La manière dont nous répondons à l'émotion de l'enfant par ce que nous disons ou manifestons détermine l'ambiance de toute la famille. Mais il arrive que ni lui ni nous ne sachons vraiment ce que nous ressentons. L'important est alors d'écouter avec intérêt ce qu'il nous donne à entendre ! C'est essentiel pour sa confiance en lui. Un enfant se porte d'autant mieux qu'il se sent accepté, sans jugement. Au fond, il n'a pas vraiment besoin que nous acceptions ses sentiments, mais simplement que nous les reconnaissions comme étant authentiques et que nous le traitions avec respect. Le premier secours pour ses blessures est notre attention.

Des mauvais sentiments canalisés au lieu d'interdictions inutiles

« Il est méchant, il déteste son frère ! Cela ne se fait pas ! » Les émotions font partie de notre héritage. Il nous arrive d'être heureux, ou non, d'éprouver à la fois de la colère et de la peur, de la tristesse et de la joie, de l'envie et de la culpabilité, de l'intérêt et du dégoût. Or, si nous ne sommes pas libres de choisir nos émotions, nous pouvons choisir le moment et la manière dont nous voulons les exprimer, à condition que nous réussissions à les identifier.

Il en va de même chez l'enfant. Il nous aime et nous redoute. Certains parents ont des difficultés à accepter cette ambivalence comme naturelle et inévitable. L'éducation y est pour quelque chose, mais ce n'est pas tout. Certains parents n'aiment pas se sentir ambivalents et ne tolèrent pas ce sentiment chez leur enfant, comme s'il était interdit et dangereux de ressentir des sentiments contraires vis-à-vis de proches.

Pour autant, beaucoup d'enfants ont, de temps en temps, des sentiments hostiles vis-à-vis d'autres membres de la famille, il suffit qu'un frère soit trop envahissant, qu'un privilège ait été refusé, un câlin écourté. À la base, il y a toujours la frustration. L'agent frustrant (le plus souvent le parent) est immédiatement détesté et ce mouvement psychique est aussitôt regretté. L'ambivalence ne porte que sur des éprouvés légitimes. Là où il y a de l'amour, il y a aussi un peu de ressentiment, là où il y a de l'admiration, un peu de jalousie ou d'envie, là où il y a du succès, un peu de peur.

Ainsi, pour éviter des conflits inutiles, l'enfant doit apprendre que l'ambivalence est un sentiment normal qu'il faut accepter pour bien le gérer et le dépasser. Il suffit de lui expliquer, sans critique ni emphase, que nous sommes nous aussi parfois en proie à des sentiments partagés. Il comprend alors que ce n'est ni incompréhensible ni répréhensible.

Des éloges précis plutôt que des compliments sans fondements

Compliments et félicitations sont indispensables à l'éducation de l'enfant, car ils contribuent à l'édification de l'estime et de la confiance en soi. Mais attention – les psychologues sont unanimes là-dessus –, les compliments qui portent sur des caractéristiques physiques ou sur la personnalité en général n'atteignent pas leur cible. Les enfants ont tendance à recevoir ces éloges comme une forme de critique inversée ou de comparaison et… ils n'aiment pas du tout être critiqués.

Le compliment comporte deux aspects : ce que nous, parents, disons à l'enfant et ce que l'enfant se dit à lui-même. Pour avoir un impact positif, nos paroles doivent refléter une réalité que l'enfant reconnaît comme sienne. Un compliment est bénéfique quand il porte sur les efforts réellement accomplis par l'enfant. Et c'est logique, puisqu'il attend de ses parents qu'ils l'aident dans la découverte de sa valeur personnelle et de son moi profond. Pour installer sa confiance en soi, il a besoin que les remarques sur ses actes soient justes et crédibles.

Les enfants aiment être reconnus dans leurs efforts et dans leurs réalisations. Lorsque l'éloge souligne une réalisation de l'enfant, il atteint son but qui est de lui permettre de mieux se connaître en prenant conscience de ses forces et de ses ressources. Un compliment non fondé peut introduire le doute : « Est-ce vrai ce que j'entends ? », « Tu es un battant ! » ou devenir menaçant : « Vais-je réussir à tous les coups ou était-ce seulement l'effet du hasard ? » « Tu es gentil et serviable ! » peut susciter le déni : « Ce n'est pas vrai : je ne suis pas comme ça tous les jours ; parfois, je déteste ce que je fais, parfois, je m'arrange pour ne pas faire ! » « Tu es très bon partout ! » peut mettre en lumière les faiblesses : « Oui, mais il y a plein de choses que je ne sais pas gérer… » « Tu es le meilleur ! » peut susciter la méfiance : « Pourquoi me dit-on cela comme ça ? Que me veut-on ? »

Les enfants apprennent de ce qu'ils vivent ; ils prennent toute information au premier degré. S'ils sont félicités à tout bout de champ, ils doutent de tous les compliments car ils savent bien qu'ils ne méritent pas constamment de telles louanges. S'ils se sentent constamment critiqués, ils ne peuvent devenir responsables, parce qu'ils apprennent à se condamner et à se sentir inférieurs, ils apprennent à douter de leur propre jugement et de leurs capacités et peinent à faire confiance aux autres.

Des phrases du type :

– « Tu as encore sali tes affaires, tu es sale, tu es impossible, tu n'écoutes jamais », qui accusent et qui blâment, réveillent dans l'enfant des sentiments hostiles. En lui-même, il répond : « Elle s'intéresse plus mes affaires qu'à moi, moi, elle m'énerve, elle exagère. »

– « Tu es dégoûtant, si tu ne ranges pas ta chambre, je jette toutes tes affaires à la poubelle » déclenche de l'agressivité et de l'amertume. En lui-même, l'enfant se dit : « Fiche-moi le camp, j'ai envie d'être seul, je ne ferai rien, voilà ! »

– « Pourquoi tu n'es pas comme ta sœur ? » qui compare l'enfant à quelqu'un d'autre érigé en modèle ennuie l'enfant qui réagit en s'enfermant dans son jardin secret : « Ils s'intéressent à ma sœur plus qu'à moi. Je ne les aime pas. »

Il est clair qu'au quotidien, lorsque nous sommes à bout, fatigués, voire découragés, il nous arrive de critiquer sévèrement notre enfant, car il est plus difficile de faire des compliments justes que de s'énerver en critiquant – surtout quand on sait combien ils peuvent nous exaspérer. Cette colère est une émotion que nous n'aimons pas, mais qu'il nous est difficile de contrôler totalement. Il nous arrive souvent d'avoir le sentiment que le dialogue avec notre enfant ne mène nulle part. Par exemple :

– Va faire tes devoirs.

– Oui, oui.

– As-tu beaucoup de choses à lire ?

– Non, non.

– Qu'est-ce que tu fais ?

– Rien, rien…

Ainsi de suite.

Malgré nos efforts pour rester calme, ce type de réponse a vite fait de nous exaspérer. Plus ou moins prévisible, la colère a beau être brève, elle peut nous sembler, subjectivement, s'installer pour longtemps. Le calme revenu, on regrette, on culpabilise et on se promet de ne plus jamais recommencer. Jusqu'à la prochaine fois car, malgré nos bonnes résolutions, nous sommes toujours surpris par la force de ce que nous éprouvons. La colère fait son lit dans nos bonnes intentions : quand nous sommes en colère, nous attaquons pour faire réagir, critiquons pour faire prendre conscience, ironisons pour aboutir au changement. Et, faire réagir, comprendre, prendre conscience, réfléchir, sont évidemment des objectifs louables. Certes, mais c'est sans compter avec la force d'inertie de l'enfant qui a des ressources d'énergie et de temps pour résister, insensible (en apparence) à nos injonctions. C'est également sans compter avec le constat selon lequel la critique parentale n'a pas d'autre effet que de susciter amertume et colère. Sur ce sujet aussi, les psychologues sont unanimes. Les enfants qui vivent avec le sentiment de critique permanente finissent par adhérer à ces remarques, à se considérer comme mauvais, apprennent à douter de leurs capacités et s'attendent, dans l'avenir, à recevoir les critiques de tout interlocuteur potentiel. C'est logique puisque les enfants utilisent nos propos les concernant pour se forger une image personnelle.

Il est possible de coopérer avec quelqu'un qui exprime son irritation et sa colère, tant qu'on n'est pas attaqué directement. Quand nous exprimons notre colère, nous le faisons sans l'attaquer sur ce qu'il est, sur sa personnalité ou son caractère. Nous parlons de nous-mêmes et uniquement de nous-mêmes : « Je suis très très énervée. » Les enfants ne sont pas fragiles. Ils sont parfaitement capables de faire face à des commentaires du type : « Maintenant, je suis trop énervé par mon boulot et je ne peux parler attentivement avec toi. Dès que je serai calme, je viens te voir. »

Dans l'intérêt de l'enfant, il est donc nécessaire de gérer notre colère, toute légitime qu'elle soit. Une colère justifiée, une fois de temps en temps, a un impact. Elle soulage les parents et signale à l'enfant que la situation est critique, qu'il est urgent de changer. Elle le surprend et l'incite à réagir dans le sens positif. Mais la colère avec les sarcasmes, critiques ou menaces qui l'accompagnent n'a jamais été une réponse payante, à moyen et à long terme. La patience, l'humour, l'observation et la réaction réfléchie, même si elle est différée, sont de bien meilleurs outils d'éducation et d'accompagnement. C'est alors que nous nous montrons adultes et que nous avons un pouvoir immense sur nos enfants.

Des libertés bien dosées au lieu d'une protection maximale

Tous les parents cherchent à protéger leurs enfants de l'adversité en voulant les rendre autonomes et responsables, avec toutes les armes nécessaires pour continuer seuls leur chemin dans la vie. Or, dans cette entreprise, les enfants ont besoin d'expérimenter par eux-mêmes. Les déceptions, le découragement et la frustration forgent le caractère et construisent la confiance en soi. Face aux imprévus de la vie, les enfants doivent résister en restant debout.

D'où la nécessité pour les parents de garder leur sang-froid et de prendre de la distance afin de leur laisser le temps de réagir plutôt que de se précipiter pour leur venir en aide, tout le temps et pour tout, d'être prêts à tout faire à leur place. Penser et agir, offrir des solutions sur un plateau, diriger, protéger. Avec les meilleures intentions, nous nous berçons de l'illusion qu'il est en notre pouvoir d'éloigner d'eux la souffrance et le stress comme s'ils pouvaient grandir totalement à l'abri.

Car comment leur apprendre à faire face à la déception et au rejet si nous faisons tout ce que nous pouvons pour les en protéger ? Comment peuvent-ils répondre à nos attentes d'autonomie, de patience, de persévérance et d'engagement s'ils obtiennent tout par l'intermédiaire d'autrui ? Si un enfant ne perd jamais, comment peut-il apprendre à faire face à la perte ? S'il n'a pas à lutter pour atteindre un objectif, comment pourrait-il développer l'endurance et la détermination, traits de caractère indispensables qui lui permettent de toujours retomber sur ses pieds ? Comment prendre ses décisions et développer des stratégies d'action, si, à longueur d'année, on lui répète ce qu'il doit faire et comment, en le cantonnant au rôle passif de spectateur de ses expériences ? Vouloir à tout prix préparer un enfant aux affres de la déception, c'est aussi le priver d'importantes expériences personnelles constructives.

En prenant à notre compte leurs expériences, nous ne les aidons pas, au contraire. Car placés dans des positions de dépendance, ils éprouvent inévitablement des sentiments d'incapacité, de frustration, de colère, de ressentiment, d'absence de valeur. Ils se renferment sur eux-mêmes pour vivre leur vie dans leur jardin secret.

Des études ont montré que les enfants qui ont la possibilité d'effectuer leurs propres choix en accord avec les valeurs familiales deviennent des adultes responsables, matures et autonomes. Lorsqu'ils apprennent à se débrouiller avec les imprévus de la vie, ils mettent à profit leurs échecs et leurs expériences négatives. Pour asseoir son autonomie et son sentiment de responsabilité, il n'est pas nécessaire que les réalisations de l'enfant soient exceptionnelles, mais simplement réelles et crédibles *pour lui*.

La responsabilité est le résultat d'un cheminement intérieur quotidien nourri des valeurs de la famille et de la communauté : ranger la chambre, être ponctuel à l'école, tenir les engagements pris, faire régulièrement les devoirs, etc.

L'éducation à la responsabilité commence très tôt dans la vie. Les parents en fournissent différentes possibilités, parmi lesquelles l'enfant choisit. Le sens de la responsabilité s'acquiert aussi par identification aux personnes significatives de l'entourage de l'enfant, et avec les encouragements des parents.

En prenant conscience que les enfants ne peuvent pas plus que nous être en état de bonheur suprême vingt-quatre heures sur vingt-quatre, nous nous sentons plus libres, plus disponibles à leur égard, plus à l'écoute et, surtout, plus vrais dans nos attitudes et nos remarques.

La force de l'expression, parler vrai

– Lorsque cela les concerne, les enfants ont le droit de connaître les vrais sentiments de leurs parents. En nous exprimant spontanément nous restons vrais et nous sonnons vrais. Mais cette partie de la communication doit être brève et en rapport avec ce que nous souhaitons obtenir. Un enfant supporte difficilement un parent qui ne parle que de ce qu'il ressent, de sa colère ou de ses angoisses.

– Restons authentiques, c'est-à-dire veillons à ce que nos paroles reflètent ce que nous éprouvons. Les enfants ne sont pas dupes lorsque notre réaction est contrariée par notre attitude, du type : je ne suis pas fâché, alors que nous suffoquons d'indignation. L'attitude qui accompagne nos mots est très importante.

– Affirmons clairement et succinctement nos valeurs et nos principes. L'expérience montre que, si on respecte les sentiments des enfants, on leur apprend à respecter les nôtres. Et si quand bien même, il répond : « Je m'en fiche », nous devons tenir notre position, haut et fort en répondant : « Eh bien, moi, je ne m'en fiche pas, pour moi ce que je ressens est important. Et ce que tu ressens est important pour moi. » Et, le cas échéant, parlons-en.

– Écoutons-le avec respect en essayant d'adopter son point de vue, tout en sachant que, de temps en temps, nous avons le droit de nous énerver et de nous réfugier, nous aussi, dans notre jardin secret. Retenons le fait que lorsque nous lui répétons inlassablement les mêmes choses, s'il ne réagit pas à nos requêtes, c'est du fait d'une divergence de priorités entre lui et nous, et non pour nous provoquer.

– Encourageons les efforts effectivement accomplis sans s'attarder sur des caractéristiques de personnalité à des moments inopportuns.

– Interdisons-nous l'accès non autorisé à son jardin secret. Il se ressource dans ses promenades imaginaires, la planification et l'anticipation. Et n'oublions pas que ce qui est vrai pour les adultes l'est aussi pour l'enfant.

– Ne baissons jamais les bras, car nous nous renouvelons toujours dans notre façon d'aborder les problèmes après avoir un peu décompressé et retrouvé nos moyens pour penser à froid.

Une communication empathique basée sur le respect de la différence qui remplace la critique, les leçons de morale, les conseils péremptoires promeut le changement. Lorsque, en tant que parents, nous offrons notre temps et notre écoute pour comprendre l'enfant, nous l'éduquons en lui envoyant un message d'amour fort : « Tu es important pour moi, je veux comprendre ce que tu ressens, je veux te rassurer en te faisant sentir que, lorsque tu seras apaisé, tu trouveras tes meilleures solutions. »

– Gardons à l'esprit que nos maladresses ne sont pas simplement le fruit d'un manque d'expérience personnelle ou d'un défaut de bon sens passager, mais qu'elles s'enracinent profondément dans certains mythes contemporains.

À commencer par une idéalisation de la vie familiale dont nous abreuvent les médias, notamment la publicité. Avant d'avoir des enfants, je me voyais comme une maman merveilleuse. Experte en communication parents-enfants, j'avais des opinions bien arrêtées sur les questions d'éducation. Je pensais qu'avoir des enfants était facile, comme sur une belle illustration : des sourires éclatants sur fond de mer bleue ou sur fond de salons où trônent quelques petits jouets, pas trop mal rangés.

L'idéalisation selon le modèle culturel est logique. Elle tient également au désir d'enfant qui vient renforcer les engagements d'un couple et faire partager de nouvelles expériences. Elle est également nécessaire car, si l'on craignait la parentalité ou si on en avait une représentation négative, on s'abstiendrait peut-être de devenir parents.

Le bonheur dans la vie avec un enfant s'obtient notamment grâce à un travail assidu de communication et d'éducation.

Prendre le temps

Avez-vous, comme moi, l'impression, que réussir l'équilibre entre le travail, le compagnon, les enfants et le foyer, ne se voit qu'au cinéma ?

Dans notre société, tout doit être immédiat et aller vite. Cela devrait théoriquement permettre de gagner du temps pour la famille, les enfants, les amis et les loisirs. En réalité, nous n'avons jamais vraiment le temps. Tout doit être aussi dans le plaisir. La frustration, la douleur, le malaise n'ont pas de place dans notre univers. Une difficulté doit être résolue au plus tôt.

Il en va de même avec les enfants. Nous exigeons d'eux qu'ils adoptent notre rythme, qu'ils répondent promptement à nos demandes, qu'ils obéissent instantanément à nos injonctions. Mais comme il est impossible pour un tout-petit de se plier à cette cadence, nous commençons, sans nous en rendre compte, à faire tout à sa place. Et on se fâche parce qu'il n'est pas aussi autonome qu'on le voudrait.

Quant aux enfants, ils grandissent dans l'idée que, non seulement tout doit aller vite, mais que tout doit être plaisant aussi. Et que les récompenses viennent sans effort et sans attente.

Du côté des parents comme du côté des enfants, le temps s'efface au profit de la vitesse, avec des objectifs incompatibles. D'où un déni du fonctionnement psychique basé sur la notion de temps et de développement dans la durée qui ne peut que les mettre en difficulté. Car il faut du temps pour tout, de la patience, de l'endurance.

Au cours de son développement, l'enfant rencontre des situations de plus en plus complexes, des apprentissages, des relations amicales et amoureuses, des liens professionnels et, bien sûr, la création de liens durables avec les parents.

Rester prisonnier du culte de la rapidité, du mythe de la famille moderne et de l'image idéalisée de l'enfant et de ses parents, est un des plus redoutables obstacles à la communication intrafamiliale.

Se rappeler

– que communiquer avec l'enfant est un art qui se construit au jour le jour et n'est jamais définitivement acquis. L'enfant n'est pas naïf, ses messages sont souvent codés et demandent toujours des réponses adéquates ;

– qu'il préfère les messages clairs, aidants et structurants qui ne remettent nullement en cause notre amour pour lui ;

– que la communication est un travail de longue haleine, que c'est un investissement au long cours. C'est grâce à cette persévérance que les enfants acceptent, de temps en temps, de nous ouvrir leur cœur.

Pour être des parents heureux, ne nous enfermons pas dans des rôles impossibles : bons parents, mauvais parents, laxistes, ou autoritaires. Nous avons un grand potentiel d'évolution et de changement. L'éducation de nos enfants, la communication avec eux sont parfois épuisants. Ce sera moins difficile si nous nous adressons à leur intelligence, leur sens de l'initiative, leur empathie et leur humour.

6

Les parents, leurs secrets et leurs enfants

« Maman, merveilleux petit ange
Si ouvert et d'un côté si étrange
Qu'on a envie de connaître tous tes secrets
Ta vie, ton enfance, ton passé ! »
Aliénor, 9 ans

Comme il est tendre et vrai ce poème d'Aliénor, plein d'amour pour les mamans, plein de questions pour les enfants. Il rappelle une réalité universelle : tous les enfants ont besoin de modèles tranchés et d'exemples parlants pour se construire. Pour les reprendre à leur compte, il leur faut percer les énigmes du fonctionnement des adultes en retenant ce qui leur convient, mais, surtout, ce qui les aide vraiment à cheminer. Et leur cheminement est harmonieux lorsqu'ils se sentent rassurés, sécurisés, à l'abri des dangers qui pourraient désorganiser leur vie.

La sécurité affective trouve son origine dans la profondeur de la relation aux parents (ou à d'autres personnages significatifs de l'entourage), dans la qualité de leurs dialogues et dans le dévoilement réciproque, à des moments favorables, de la vie privée de leurs parents. Car nos enfants ont besoin de connaître certains de nos secrets afin de nous percevoir, aussi, en tant qu'êtres humains et pas seulement dans notre rôle de parents. D'une manière générale, nous pouvons partager pleinement avec nos enfants des fragments de notre vie passée qui pourraient les concerner ; certains de nos soucis professionnels ou familiaux qui pourraient les inquiéter ; nombre de nos souvenirs de jeunesse qui permettraient de les rassurer.

Cela étant posé, parmi nos secrets de parents, quels sont ceux qui peuvent être partagés avec nos enfants ? Et quand faut-il en parler ? Quand est-il efficace de parler de soi ?

Les fragments de notre vie passée qui les concernent

« Ce soir maman, grand-mère, tatie, ma sœur et moi regardons un téléfilm nul à la télévision. Maman se passionne pour des histoires niaises, grand-mère adore faire des commentaires évidents que personne n'écoute, tatie s'intéresse aux acteurs et à rien d'autre, ma sœur adore critiquer : le téléfilm, maman, tatie et moi. Et moi qui n'aime ni les téléfilms, ni les observations, ni les acteurs, ni les critiques, je m'ennuie beaucoup, beaucoup, beaucoup, beaucoup trop ! Belle ambiance ! Je dois faire quelque chose ! Explorer, découvrir des choses passionnantes, m'amuser ! » Tel était l'état d'esprit d'Aliénor, petite fille en vacances chez sa grand-mère.

Elle laissa les femmes de la famille scotchées devant la télé et s'en alla fureter dans la maison. Mais rien ne retint son attention : les habits de grand-mère n'étaient pas à la mode, donc on ne pouvait pas se déguiser, les jouets de sa sœur étaient tous avec elle, difficile donc de lui en chiper un, le sac de tatie était vide, mis à part des clefs, un mouchoir brodé et un petit portefeuille usé. Maigre butin, rien de quoi remplir le temps qui devenait de plus en plus long. Mais soudain, voilà le sac rouge de maman sur une chaise, ouvert. Là, ça commence à être intéressant. Les sacs des mamans ont le même attrait pour nos enfants que leurs cartables ou leurs cahiers personnels pour nous ! Ils pensent y trouver des petits et gros secrets dans les objets qu'ils ne doivent absolument pas toucher.

Donc la petite Aliénor ferma tout doucement la porte de la cuisine, commença une fouille méthodique du sac. L'agenda, pas très rigolo : des noms illisibles, des chiffres, des Post-it de toutes les couleurs... « Tiens et si je faisais un dessin sur le Post-it rose ? Comme ça maman va penser à moi en le découvrant ! » Et aussitôt une petite marguerite entourée d'étoiles fit son apparition sur le Post-it rose qui rappelait à maman son rendez-vous chez le dentiste. Deuxième étape, le porte-monnaie : Aliénor compte les sous, regarde les billets, les prend et joue pendant cinq minutes à la caissière, puis les repose à leur place et poursuit ses investigations. Troisième étape, le portefeuille de maman : la carte d'identité : « Comme elle est pas belle maman ! On ne dirait même pas maman ! Mais où a-t-elle fait cette vilaine photo ? » La carte d'électeur sans d'intérêt, car pas de photo, *idem* pour la carte de mutuelle, de Monoprix, etc. Quand, soudain, derrière plein d'autres documents, un bout de papier rose pointe son nez et avec lui une mèche de cheveux qui ressemble à ceux de maman. Mais oui, c'est son permis de conduire, pense Aliénor, impatiente de découvrir encore une photo comique de sa maman. Et en effet, la photo est cocasse : maman avec des lunettes démodées, lèvres pincées et regard fixe. Aliénor pouffe de plus belle : « Et si je lui faisais des moustaches ou des lunettes encore plus grandes ? Elle sera pas contente... » Aliénor ouvre et ferme le permis de conduire en riant, quand tout à coup un détail attire son attention : sous la photo, maman ne porte pas le même nom ; en plus du nom de grand-mère, elle porte un autre nom que celui de papa et d'Alienor et de sa sœur, un nom inconnu, étrange.

Troublée, Aliénor, s'arrête net dans ses manipulations, regarde longuement le nom mystérieux, pour bien le retenir et y penser plus tard, puis, comme brûlée par sa découverte, range délicatement le permis de conduire dans le sac de maman. À pas feutrés, elle s'en va dans sa chambre, monte sur son lit, et quelques larmes perlant au bord de ses petits yeux verts, se met à réfléchir au secret de sa maman : « Pourquoi maman a-t-elle un autre nom ? C'était qui ? Est-ce que papa sait ? Est-ce qu'elle va partir et laisser papa ? Est-ce que maman a d'autres enfants ?... »

La petite fille ne pipe mot de sa découverte, devenue aussi son secret. Elle commence à scruter sa mère comme pour percer son mystère, boude de temps et temps pour ne pas montrer son émotion et... fouille en douce, à la recherche d'indices, les autres lieux des secrets de maman (son cartable, ses poches, son tiroir de chez grand-mère...).

Deux jours après cet incident, les femmes de la famille décident de faire une balade en voiture. Effervescence, consignes diverses quand, soudain, la maman d'Aliénor s'exclame : « Zut, j'ai failli oublier mon permis de conduire ! » À ces mots, la petite fille s'arrête et s'entend répondre : « Mais tu n'as pas le même nom sur le permis de conduire ! » Sa maman s'arrête tout net aussi dans ses préparatifs et réfléchit : « Comment répondre juste à Aliénor ? Nier les faits ne sert à rien, car c'est vrai que sur mon permis de conduire, je porte toujours le nom de mon premier mari ! J'aurais d'ailleurs dû changer ce permis il y a longtemps. Gronder Aliénor pour avoir fouillé mon sac ne sert à rien, elle ne l'entendra pas comme ça, car, là, tout de suite, ce n'est pas le sujet et ce n'est pas ce qui la travaille le plus. Culpabiliser, il n'en est pas question, car je n'ai fait de mal à personne, et mariages et divorces ne sont que des choses de la vie... » Donc, répond maman après ce passage en revue rapide des possibilités qui s'offrent à elle : « C'est vrai, chérie, je ne porte pas le même nom que toi sur mon permis de conduire et quand nous reviendrons de la balade je te raconterai, en détail, pourquoi. Je ne le fais pas maintenant, car il y a trop de monde autour de nous et nous sommes pressées, mais cet après-midi, tu viendras dans ma chambre et je te raconterai la vraie aventure du nom inconnu ! D'accord ? »

Aliénor acquiesce sans difficulté, en espérant que la balade va être courte, que le temps passera vite et que sa maman n'aura pas de coups de téléphone à n'en plus finir... Et pendant toute la promenade, elle tient d'une main son doudou et, de l'autre, la main de sa maman.

Nos enfants poursuivent nos petits et grands secrets. Ils se passionnent pour notre vie, passée, actuelle et future. Ils adorent être dans certaines de nos confidences. Pour eux, nous sommes des êtres impressionnants et mystérieux. Par notre fonctionnement, nous les intriguons. En chassant nos secrets, ils cherchent à nous connaître et à nous comprendre (comme nous le faisons, de notre côté, avec les leurs lorsque nous sommes curieux ou, le plus souvent, inquiets).

Et lorsqu'ils en découvrent certains, ils les étudient attentivement pour percer des mystères qui les concernent. Telle la petite Aliénor qui s'interroge, indirectement, sur les sentiments de sa maman à son égard. Ces craintes travaillent nos enfants qui, ne sachant que faire avec, les ressassent intérieurement jusqu'à ce qu'ils soient prêts à entendre certaines vérités. Et comme d'habitude avec les enfants, ce moment arrive à l'improviste, à l'instant le plus inopportun pour les parents, qui ne se sont pas préparés à répondre. Gardons notre sang-froid. Ils ne posent jamais ces questions pour nous embêter ou nous mettre en difficulté. Elles surgissent lorsqu'ils n'en peuvent plus de garder pour eux des sujets qui les préoccupent. Réagissons naturellement avec ce que nous sommes. Si le contexte s'y prête et si nous pouvons le faire, expliquons nos secrets avec les mots des enfants, en étant simples et clairs, en évitant de nous justifier inutilement et en les rassurant au maximum, car c'est ce qu'ils attendent de nous.

Imaginons comment la maman d'Aliénor aurait pu raconter à sa fille ce fragment de sa vie passée, son premier mariage et son divorce :

– Viens chérie, je vais te raconter l'aventure du nom inconnu. Avant de connaître ton papa, que j'aime très fort (*réassurance quant à la solidité du couple parental*), j'étais très jeune et j'ai cru tomber amoureuse d'un autre garçon qui s'appelait François (*ce détail est important pour asseoir la crédibilité de l'histoire*). Alors nous nous sommes mariés, mais très vite j'ai compris que je ne l'aimais pas et que je ne pouvais pas faire toute ma vie avec lui.

– Pourquoi, demande Aliénor (*pour voir si sa maman peut faire toute sa vie avec son papa*) ?

– Parce que, d'abord, l'amour ça ne se commande pas, on croit aimer parfois, mais ce n'est pas vrai, et ensuite parce que je sais que ton papa est celui que j'aime vraiment : il est gentil, il vous aime beaucoup, il est avec nous tout le temps, il s'occupe bien de nous, etc. (*réassurance quant à la stabilité de l'engagement réciproque du couple et aux qualités exceptionnelles du papa qui ne peuvent que susciter l'amour et le désir de rester ensemble*). Puis, poursuit la maman d'Aliénor, je n'avais pas d'enfants, j'ai divorcé, j'ai rencontré ton papa au travail et j'ai travaillé avec lui un petit moment et, tout en travaillant, on s'est aperçus que nous aimions beaucoup être ensemble et après que nous nous aimions tout court ! (*Une fois encore, la précision répond à la curiosité de l'enfant, à la réalité de l'histoire et renforce son authenticité. Tout cela rassure l'enfant qui se sent prêt à croire pleinement ce que sa maman lui raconte.*) Et voilà, nous étions très heureux, et puis nous avons eu ta grande sœur, puis toi, et maintenant nous sommes les papa et maman les plus heureux du monde (*réassurance quant aux sentiments d'amour portés à l'enfant*).

Aliénor écoute sa maman dérouler ce fil de sa vie passé en caressant son doudou. Une question l'agite encore un petit peu : combien de temps, ça dure l'amour ?

– Maman tu as divorcé de François après combien de temps ? (*pour voir si le temps vécu avec papa est plus long et si, de ce fait, la menace d'une nouvelle séparation est passée*) ?

– Je te l'ai dit, chérie, très vite. Un an ou deux après notre mariage.

Ouf ! se dit Aliénor en soufflant d'aise, j'ai neuf ans, papa et maman sont toujours ensemble, tout danger est passé. (*Nous voyons ainsi, le caractère irrationnel des craintes qui se nichent dans la tête de nos enfants. Mais c'est ainsi, nous avons tous peur de ce que nous ne pouvons pas contrôler ! Surtout si nous sommes des petits en construction !)*

Aliénor pose son doudou à ses côtés (*montrant ainsi que tout va bien mieux*), se cale dans les bras de sa maman et lui dit, mutine *(signe que la tempête est passée)* :

– Mamaaaaaan, combien d'amoureux tu as eus avant papa ? (*Signe que la curiosité, en revanche, était bien là, et que, rassérénée par cette discussion et confiante dans l'amour de sa maman, Aliénor tente naturellement de repousser les limites...)*

Sa maman lui fait un gros baiser et lui dit en souriant :

– Ça ma chérie, je ne te le dirai pas, car ça ne te regarde pas du tout ! Du tout ! Du tout ! Ce sont des histoires d'adultes qui regardent les adultes, comme par exemple, ton papa et moi ! (*Et voilà, on clôt la discussion qui risque de dévier vers des confidences inopportunes, en réassurant tout de même par le fait que la vie intime des parents, c'est une affaire de parents !)*

À l'issue de ce dialogue, une petite remarque s'impose : nos enfants essaient souvent de nous pousser à des confidences intimes. Ne tombons pas dans ce panneau, par culpabilité ou modernisme ! Car, au fond d'eux-mêmes, il est clair qu'ils n'ont pas vraiment envie de savoir. Par leurs incitations ou leurs questions, ils se hasardent, chacun à leur façon, à repousser les limites de notre éducation. Résistons. Les liens d'intimité entre parents et enfants ne sont pas du même ordre qu'entre amis intimes du même âge.

Nos soucis personnels et/ou professionnels

Depuis quelque temps, Aliénor trouve qu'il y a des choses étranges à la maison : les discussions avant de se coucher sont bien plus courtes, les chansons au réveil moins joyeuses, les sorties au MacDo plus rares, sa maman s'enferme dans sa chambre et s'énerve pour un rien, son papa met plus de temps à répondre aux questions, comme s'il ne les entendait pas. Ils ne rient plus tous les deux et passent leur temps à chuchoter, ne veulent plus que les copines viennent jouer parce qu'ils sont occupés (mais, en fait, ils ne font rien, ils sont juste dans leur chambre à chuchoter). Bref, le climat à la maison est lourd et ça inquiète.

– Mais qu'est-ce qui se passe ? demande Aliénor à son Lapinou.

– ?????

– Pourquoi maman est fâchée ? Pourquoi papa n'entend plus ? Pourquoi on ne va plus au MacDo ? Pourquoi on ne voit plus grand-mère ? Lapinou écoute attentivement sa petite maîtresse et la regarde avec ses yeux luisants de jouet adoré :

– Lapinou, réponds ! lui ordonne Aliénor avant d'ajouter : Je sais, toi non plus tu ne sais pas, n'est-ce pas ?

Les jours passent et rien ne change. Aliénor se pose de plus en plus de questions : et si papa et maman allaient se séparer? Non, ce n'est pas possible! Mais alors, pourquoi c'est si différent à la maison? Pourquoi? Pourquoi? Pourquoi?

Il faut qu'elle sache! Et aussitôt Aliénor s'en va à la chasse aux indices révélateurs.

Ainsi, un samedi après-midi, Aliénor interpelle sa maman qui, les yeux mouillés, fait des crêpes : maman est-ce que tu aimes papa? Maman ne se retourne même pas et, de plus, elle ne répond même pas comme à son habitude! Un tiède « Mais oui, mais oui, maintenant Aliénor, ça suffit, va t'occuper ailleurs » clôt la discussion et laisse la petite fille avec toutes ses interrogations.

Mais Aliénor ne s'avoue pas vaincue. Elle débarque dans le bureau où son papa était barricadé depuis le petit matin et, sans aucune forme d'introduction lance d'un trait : « Papa est-ce que tu aimes maman? » Papa, tourne à peine la tête dans sa direction et répond en bougonnant : « Mais oui, mais oui, bon Aliénor, laisse-moi, j'ai du travail! » Aliénor ne s'avoue toujours pas vaincue : « Papa tu viens jouer avec moi et Lapinou? – NOOON, laisse-moi maintenant, j'ai du travail. »

Aliénor s'en va, les larmes aux yeux. Les choses ont vraiment changé : plus un mot tendre, plus une petite blague pour faire passer les contraintes, plus de bisou pour permettre de patienter en attendant que les parents se libèrent, rien!

Mais elle ne s'avoue toujours pas vaincue. Elle retourne à la cuisine et questionne sa maman :

– Maman, où est-ce je vais habiter, moi? *(Elle cherche ainsi, vérifier la probabilité de la séparation.)*

Sa maman énervée, la gronde : « Aliénor, arrête tes bêtises, tu habites dans ta chambre! »

Aliénor est dépitée. Les indices ne sont pas bons : vu les réactions de papa et maman, c'est sûr, ils vont se séparer!

Aliénor, pas déstabilisée pour autant, réfléchit un peu,

avec une pointe de crainte : « Et si c'était à cause de moi, parce que je fais des bêtises et réclame plein de cadeaux ? » et décide d'être sage et gentille, comme ça, ses parents ne vont pas se disputer à son sujet et, calmés, ils vont continuer à s'aimer ! (*Elle essaie d'intervenir sur le problème familial, pour aider et se déculpabiliser.*)

Le plan est mis en application illico. Aliénor pose Lapinou dans sa chambre, essuie ses yeux, met son petit tablier rose et retourne à la cuisine. Elle plonge un doigt dans la pâte à crêpes pour la goûter, un autre dans le Nutella tout proche, renifle la bonne odeur sucrée et se rappelle qu'elle est, tout de même, à la cuisine pour travailler. Sérieuse et affairée, elle prend la bouteille de lait qui traînait sur la table pour la ranger, tourne la tête en direction de sa maman pour bien s'assurer que celle-ci apprécie tous ses efforts et, en pivotant ainsi, fait couler le lait sur le plancher ! « Oh ! le lait », s'écrie-t-elle, affolée par ce qui vient de se produire malgré elle. Sa maman se retourne enfin, voit les moustaches de Nutella, le lait éparpillé, une grande marre par terre et Aliénor, immobile au milieu cette situation inattendue, mi-terrorisée, mi-amusée, avec son tablier rose et, dans ses mains, la bouteille de lait, vide. La gifle tombe comme la foudre sur la joue d'Aliénor, déjà bien rougie par l'émotion !

Aliénor s'en va en hoquetant, sa maman en pleurant et son papa arrive en courant, inquiété par tout ce remue-ménage.

Le bruit de la gifle a fait du mal à Aliénor, mais il a surtout réveillé ses parents. Ils réalisent, enfin, l'ambiance que leurs graves soucis professionnels fait régner dans la maison.

Des problèmes de travail, d'amitié ou de famille, font souffrir tout le monde. Nous-mêmes, n'arrivant pas à nous décentrer de nos préoccupations, tournons en rond en essayant de nous en sortir et pensons, en boucle, aux solutions qui ne viennent pas. Notre seuil de tolérance face aux petits soucis quotidiens baisse de manière vertigineuse, les malentendus s'enchaînent sans que nous nous en apercevions, l'ambiance se dégrade à notre insu et le pire survient, tel un coup de tonnerre. Le pire pour nous, c'est de nous retrouver différents de nous-mêmes, à commettre des actes que nous abhorrons (violences verbales ou physiques, par exemple) et à blesser inutilement ceux qui nous sont si chers.

Avec les parents d'Aliénor on voit bien la mécanique implacable de cette spirale : ils commencent par être happés par leurs soucis professionnels, s'enferment dans leur monde personnel, augmentent ainsi leur charge mentale, sont dévorés par des sentiments d'injustice qui les rend inattentifs aux signaux de détresse émis par leur petite fille (qu'ils pensent protéger en chuchotant leurs problèmes pour ne pas la traumatiser) et finissent par exploser, à propos d'événements mineurs, dans un passage à l'acte qui ne leur ressemble absolument pas.

Dans ce genre de situation, ceux qui nous entourent, ne nous comprenant plus, pensent en boucle aussi, avec une once de culpabilité, à notre changement de comportement et à ses causes profondes. Ils cherchent à déchiffrer nos faits et gestes ; nous guettent en espérant des signaux éclairants et n'osent, sous peine d'aggraver la situation, nous interpeller. Ils échafaudent des questions/réponses et tentent de les vérifier ou de les infirmer. Sans explication adéquate de notre part, ils finissent par s'en fabriquer une, car on ne peut pas vivre indéfiniment dans le doute. Mais cette réponse est toujours redoutée et toujours irréaliste.

Nos enfants sont les premiers à être touchés par ces atmosphères délétères. Si rien ne leur est dit de cette souffrance familiale manifeste, ils envisagent le pire et ce pire les concerne toujours !

La réaction d'Aliénor illustre bien ce processus. À sa façon de petite fille, pour qui le pire et de ne plus avoir pour elle son papa et sa maman, elle essaie de dominer ses craintes en les affrontant : elle commence par accepter la réalité du changement parental, s'interroge sur ces raisons pour trouver des explications, pose des questions incongrues à ses parents pour les tester, finit, faute de réponse, par croire en la réalité inéluctable de ses peurs et décide de faire quelque chose pour... éviter le pire !

La morale de cette histoire est très claire : des soucis de toutes sortes qui risquent d'influencer la vie de la famille doivent être dévoilés, de manière appropriée, aux enfants. Car loin d'être angoissés, ils sont rassurés par une explication objective et crédible des changements visibles du comportement parental.

Comment leur en parler, sans les angoisser, tout en les rassurant ?

Il faut absolument désamorcer cette spirale sinon l'harmonie de la famille va y rester. Imaginons un instant la façon dont les parents d'Aliénor s'y sont pris pour sauver l'ambiance chaleureuse de leur petite famille, habituellement, aimante et heureuse.

Après avoir pleuré, la mère d'Aliénor a eu l'impression de se réveiller comme après un long sommeil : comment ai-je pu la frapper pour si peu chose alors qu'elle ne demandait qu'à m'aider ? Comment ai-je pu être aveugle et sourde à ce qu'elle essayait de nous dire ? Il faut absolument changer tout cela et vite, sinon tout ce que nous avons patiemment construit ensemble peut voler en éclats en un rien de temps. Il faut expliquer à Aliénor ce qui nous arrive, nous excuser, la rassurer. De son côté, le père d'Aliénor a eu le même cheminement intérieur.

Ils en parlent tous les deux et envisagent la marche à suivre : parler avec Alienor, lui en dire suffisamment en faisant attention aux mots employés et aux attitudes de chacun. Et si l'un dérape, il faut que l'autre le lui fasse savoir. (*Une équipe partageant des objectifs communs est en train de se constituer !*)

Ensemble, ils ont expliqué à une Aliénor tremblante de chagrin la mauvaise passe qu'ils traversaient. Assis, sur le canapé, Aliénor blottie entre son papa et sa maman, ils ont commencé, enfin, à faire la paix. Maman prend la parole :

– Voilà, ma chérie, d'abord je m'excuse de t'avoir giflée, j'étais très énervée et soucieuse et ma main est partie avant que je puisse l'arrêter.

Le cadre est ainsi planté, on commence par reconnaître nos erreurs, sans culpabiliser, avec un peu d'humour pour dédramatiser tout de suite la situation et, surtout, parce que c'est juste. D'autant que c'était une petite bêtise qui ne méritait pas une punition aussi forte. Au passage, nous rappelons qui sont les patrons de la maison, tout en renouvelant nos regrets d'avoir agi de la sorte. Un petit bisou de la part des deux parents valide nos paroles et clôt la discussion sur ce sujet.

Papa prend la parole à son tour :

– Ali, nous sommes très tendus et soucieux ces derniers temps parce que je suis en train de perdre mon travail. Et si je perds mon travail, nous aurons un peu moins de sous, un peu moins de cadeaux, de MacDo, de jouets, etc. Ça me préoccupe beaucoup toute cette histoire de sous. J'ai raconté tout cela à ta maman parce qu'elle doit savoir ce qui se passe et parce que j'aime bien parler avec elle. Ensemble nous réfléchissons mieux. Elle a réagi comme moi, elle a commencé par se faire d'abord du souci. C'est normal, de commencer par là, par les soucis, il faut se laisser le temps de comprendre ce qui se passe et de ne plus être en colère puis on trouvera la solution. Ça n'a strictement rien à voir avec toi.

Explication simple et claire de la situation et illustration de ce que l'on fait habituellement lorsqu'on a des soucis : on en parle à sa maman.

Sa maman prend la parole :

– Oui, chérie, ton papa t'a dit la vérité. Ça n'a strictement rien à voir avec toi ! Et c'est pour ça que nous avons pensé qu'il valait mieux ne rien te dire, pour que tu ne t'inquiètes pas à ton tour, le temps qu'on trouve une solution. On voit maintenant que nous n'avions pas tout à fait raison, mais c'est comme ça, tu vois, les parents aussi apprennent beaucoup de leurs enfants !

L'accord parental total crédibilise le discours, renforce l'idée que l'enfant n'y est pour rien et, de cette façon, rassure. Tout comme l'explication sincère donnée aux maladresses parentales (« Nous avons pensé ne rien te dire). Un peu d'humour apporte de la légèreté dans cette discussion sérieuse sur une problématique difficile et commence à dissiper les inquiétudes de l'enfant. La valorisation de l'enfant (les parents aussi apprennent de leurs enfants) le replace au centre de l'attention parentale et, ce faisant, lui permet de se réconforter, même s'il ne comprend pas tout à fait les enjeux de la situation. Un nouveau gros bisou de la part des deux parents ponctue cette partie de la discussion et réactive la relation chaleureuse de la famille, mise entre parenthèses par les soucis des parents.

Aliénor écoute attentivement, blottie dans la chaleur de ses deux parents. Petit à petit, elle s'apaise, reprend confiance, réfléchit à ce qu'elle entend et se sent prête à poursuivre et à participer à la discussion. Elle prend la parole :

– Papa, pourquoi tu perds ton travail ?

Elle cherche ainsi à comprendre les rouages du monde adulte.

Papa répond :

– Parce que l'entreprise n'a plus de sous pour me payer, parce que mon travail ne se fait plus dans cette entreprise, parce que mon entreprise ne peut plus garder tout le monde, et les plus jeunes s'en vont. Mais, ce qui est sûr, c'est que je m'en sortirai et que vous n'avez pas de soucis à vous faire. C'est une chose dont je suis absolument certain !

Dans ce type de situation, l'explication nette, compréhensible et sans détails inutiles est la meilleure car elle n'embrouille pas l'enfant, lui permet, de sa place, de comprendre la situation, ce qui lui donne l'impression de participer à la vie de ses parents.

Terminer ce type d'explication par une note positive constitue un enchaînement très important. Cela permet de ne pas fixer l'attention sur le problème qui, dans l'immédiat, n'a pas de solution ; de réconforter l'enfant et, surtout, de lui montrer que ses parents ont un plan d'action qui leur permettra d'agir. Sa maman prend aussi la parole :

– Oui, chérie, moi aussi je suis absolument sûre que bientôt tout cela ne sera plus qu'un mauvais souvenir. Ce que dit papa est vrai : on s'en sortira !

La participation de tous les membres de la famille à cette discussion est très opportune pour le maintien de la communication, et puis, pour l'enfant, deux promesses convainquent évidemment mieux qu'une.

Aliénor continue à questionner :

– Pourquoi on s'en sortira ?

Elle cherche à comprendre le plan de ses parents et à bien se figurer ce que s'en sortir veut dire. Là, elle a besoin de détails pour suivre mentalement ses parents, dans leurs démarches.

– Parce que, répondent ensemble papa et maman en riant de ce timing parfait et non prémédité, nous…

À ce stade de la discussion les parents, eux aussi décontractés par cette réunion familiale, démontrent pourquoi ils s'en sortiront et ce qui leur donne de l'espoir : l'existence d'un plan B, des indemnités importantes, une qualification professionnelle solide et recherchée, la solidarité familiale, etc. Comme précédemment, un bisou tendre ponctue le débat en estampillant l'authenticité de ces propos.

Convaincue par ces arguments imparables, Aliénor se jette dans les bras de ses parents, réalise deux dessins, un pour chacun, et court expliquer à son Lapinou ce qui se passe.

Ses parents, soulagés et plutôt rassurés par leur prestation, se promettent de faire attention et de s'assister mutuellement : si l'un d'entre eux craque l'autre doit impérativement (et avec douceur) le rappeler à l'ordre. Pour le bien d'Aliénor et... le leur. Ils terminent ensemble leur journée au MacDo – les crêpes attendront le lendemain – pour fêter la fin de leurs malentendus et le retour au calme dans leur logis.

L'histoire d'Aliénor et du chômage prochain de son papa illustre la manière dont une situation difficile pour les parents a un impact sur les enfants. C'est pourquoi elle doit absolument être verbalisée. Quelle que soit la difficulté (perte d'emploi, maladie d'un proche, décès d'une personne aimée, etc.), une information simple et adaptée doit être fournie à l'enfant. D'abord parce qu'il est membre à part entière de la famille et qu'à ce titre il a le droit, à son niveau, d'y être impliqué. Ensuite, parce que l'information apaise, enlève les doutes et évite que l'enfant se fasse des films catastrophe.

Retenons aussi que les bons moments pour en parler, ceux où notre intervention est efficace, sont ceux où nous nous sentons prêts. Tout vient alors naturellement : les mots justes, les gestes tendres, la résolution de lutter et l'espoir de réussir.

Retenons enfin qu'il est très important, dans ces situations difficiles, de montrer que nous ne nous laissons pas abattre. Parce que, nous parents, avons toujours un plan B ; et aussi parce que nous avons l'appui de notre famille et de nos enfants ; des phrases du type : « Nous nous en sortirons car vous êtes (les enfants) nos rayons de soleil » donnent du courage à tout le monde et relancent la solidarité. Les enfants ne manqueront pas alors de se montrer aidants, selon leurs capacités, en participant un peu plus ou plus souvent aux travaux ménagers. Ils agiront et donc se sentiront plus utiles avec le sentiment qu'ils prennent part à la résolution des problèmes de la famille. Et c'est très bien ainsi, car, c'est aussi comme cela que se construit la responsabilité.

Enfin, pour ne pas retomber dans le piège du silence qui fait mal, pensons à informer régulièrement nos enfants de l'avancée de nos démarches : des actions que nous entreprenons et de leur évolution. En adoptant nos propos à leur âge, naturellement.

Même si le succès n'est pas encore au bout du chemin, ce partage d'informations devient un acte éducatif : l'adulte montre comment il procède pour surmonter les obstacles et donne ainsi l'exemple à ses enfants.

De nos souvenirs de jeunesse qui les rassurent

Aliénor revient un jour de l'école, un peu plus pâle que d'habitude, silencieuse, un peu fuyante. Elle va chercher son Lapinou, l'embrasse et le serre très fort dans ses bras.

Sa maman observe la scène du coin de l'œil. Avant d'intervenir, il lui faut comprendre si son Aliénor est fatiguée, fâchée ou malheureuse. Elle part donc, comme sa fille à d'autres moments, à la recherche d'indices révélateurs. Elle arrive tout près de la chambre d'Aliénor et commence par une affirmation qui en temps normal suscite l'enthousiasme :

– Pains au chocolat frais ! Y a-t-il des clients ?

Pas de réponse et pas de mouvement.

Elle continue par une proposition alléchante :

– Maman disponible pour jouer ! Y a-t-il des intéressés ?

Pas de réponse et pas de mouvement.

Elle continue encore en accordant un privilège :

– Aujourd'hui exceptionnellement on peut regarder un dessin animé ! Y a-t-il des spectateurs ?

Pas de réponse et pas de mouvement.

Les indices ne sont pas bons. Elle connaît bien sa fille : la fatigue cède très vite devant la fraîcheur d'un pain au chocolat et la colère s'estompe aussitôt qu'une promesse d'amusement est en vue. Donc, aujourd'hui, il se passe autre chose, Aliénor a un chagrin.

Elle attend encore quelques minutes pour lui laisser le temps de changer d'avis, mais, devant le manque de réaction, elle frappe doucement à la porte, rentre à petits pas avec un tendre « coucou ma chérie » et se dirige lentement vers la petite fille, toujours scotchée à son lapin qu'elle caresse, distante et rêveuse.

La maman s'assoit à côté d'elle et, à son tour, commence à lui caresser les cheveux. Cinq à dix minutes se passent ainsi. (*Ce temps d'attente est important pour apaiser l'enfant et créer un climat de confiance et de sécurité.*) Après quoi, elle entame le dialogue : « Ali, chérie, on dirait que tu as eu un gros chagrin aujourd'hui. » (*La maman propose ainsi une hypothèse qui, même fausse, doit pouvoir aider sa fille à s'exprimer.*)

Aliénor remue sa tête et ses épaules, serre son lapin dans ses bras et se blottit contre sa maman qui, intérieurement, voit l'hypothèse du chagrin confirmée.

– Est-ce que la maîtresse t'a grondée aujourd'hui ? (*La maman continue à proposer des pistes de travail avec patience et détermination, sachant qu'à un moment ou à un autre, l'origine du gros chagrin va bien finir par se faire connaître.*)

– Non, dit Aliénor qui secoue la tête et se blottit un peu plus contre maman.

– Est-ce que Pauline (*la meilleure amie*) n'a pas voulu jouer avec toi à la récré ?

Même réaction d'Aliénor. Un non de tête, le regard fixé sur Lapinou.

– Alors, Ali, est-ce que quelqu'un t'a fait peur aujourd'hui ?

À cette question, des snif, snif, résonnent du côté droit de maman.

– Des enfants ? (*Balancement de tête en signe de non !*) Des adultes ? (*Idem.*) Des bizzardos ? (*Maman tente un peu d'humour pour détendre l'ambiance et faciliter les confidences, mais, cette fois-ci, ça ne marche pas trop.*) Mais qui chérie ? Je ne comprends pas !

La bouche scellée contre l'oreille son lapin, Aliénor raconte d'un trait comment ce matin, en revenant de la piscine, un gros chien noir baveux, surgi sans crier gare d'on ne sait où, s'est rué sur elle pour renifler ses chaussures. Prise de panique, Aliénor a crié, a sangloté et n'a pu se calmer. Chaque fois que ses sanglots diminuaient, l'image du gros chien noir revenait devant ses yeux, avec elle la panique et les sanglots qui recommençaient de plus belle.

La maîtresse, Pauline et les autres enfants l'ont bien entourée et ont tous été gentils, mais Aliénor ne pouvait pas détacher son esprit du gros chien noir qui l'avait si méchamment surprise. Même rentrée à la maison, dans sa chambre, blottie contre son lapin (*qui de toute évidence n'était pas de taille à affronter les vilains chiens noirs*), elle avait peur, et honte d'avoir peur et d'être une pleureuse.

Sa mère l'embrasse, lui laisse entendre qu'elle a tout compris, mais lui demande de recommencer à décrire la scène – pour que maman comprenne bien, bien, ce qui s'est passé. (*De cette façon, elle encourage sa fille à revenir sur ces événements avec un peu de recul ; elle essaie aussi de trouver dans cette description des faits des éléments objectifs et positifs qui pourraient aider Aliénor à avoir moins peur.*)

Au terme de ce nouveau récit, elle conclut :

– Tu sais, chérie, je comprends que tu aies eu très peur, surtout parce que Gros Baveux (*se moquer un peu de ses ennemis remonte toujours le moral*) s'est planté comme ça, d'un coup sur toi, mais, quand je réfléchis, je me dis que tu as très bien fait de crier, de pleurer et d'être une pleureuse, car, à la fin de l'histoire, c'est lui qui a eu très peur et s'est enfui en courant. Le bruit que tu as fait lui a tellement fait peur qu'il n'a pas insisté. Il a pris ses quatre pattes poilues à son cou et a couru retrouver sa maîtresse et, en chemin, il avait si peur de tes cris qu'il s'est fait rentrer dedans par un petit chien de rien du tout !!! (*Là encore un peu d'humour, de fantaisie et de dérision rassure les esprits.*)

– Hmm, répond Aliénor, Lapinou aussi a eu très peur, mais lui, il ne sait pas pleurer (*par cette réponse, elle reprend confiance, oublie sa honte, déplacée sur la peluche et comprend intuitivement que parfois pleurer peut être une arme de défense*).

– Oui, chérie, c'est vrai, mais toi, grâce à tes pleurs, tu as fait fuir le gros baveux. Et puis tu sais, quand il arrive des choses comme ça, comme avec le chien, tout le monde a peur. Grands et petits, gros et maigres. Certains ont même peur pour moins que ça. À ce sujet, je vais te raconter une peur que j'ai eue quand j'avais ton âge (*c'est important de spécifier ce détail pour faciliter l'identification*), ce n'était pas un chien, mais un chat, alors tu vois c'était encore moins méchant. Écoute donc bien l'histoire de maman pleureuse (*la reprise des qualificatifs des enfants pour le compte des adultes facilite également l'identification et le dialogue*), et du chat qui s'appelait « Va-t'en débile » !

L'évocation du nom du chat fait glousser Aliénor, qui se redresse, installe Lapinou à ses côtés et se prépare à profiter de cette histoire inédite dont sa maman est l'héroïne.

De son côté, maman se prépare à raconter l'histoire du chat, qui s'appelait Va-t'en débile, pour montrer à sa fille que la peur est universelle et sa gestion subjective et personnelle.

– Il était une fois, une petite fille, appelée maman, qui adorait jouer dans les échafaudages, là où ses parents ne voulaient pas qu'elle joue ! (*petit clin d'œil aux petites transgressions des parents au temps de leur enfance, pour bien relativiser la notion de bêtise et montrer leur capacité à l'évaluer à sa juste valeur*). Un jour, maman traîna Émilie dans les échafaudages, en sa qualité de meilleure amie, pour jouer, comme d'habitude, aux princesses kidnappées qui doivent s'échapper (*nous remarquons l'imagination débordante, mais aussi le besoin de se confronter à des situations redoutées*). Nous avions acheté des bonbons et nous nous sommes cachées dans un endroit sûr. Mais, au moment précis où nous avions commencé à déguster nos bonbons, un gros et gras chat tigré roux fit son apparition et nous cloua à nos places avec des immenses yeux verts, fixes et pénétrants. BRRRR ! Je le revois encore (*ce petit rappel à la peur ressentie vise à tranquilliser l'enfant. La peur est universelle, normale... périodique*). Bref, ce chat se planta devant nous, nous transperça du regard et ne bougea plus. Nous avons tout essayé pour le faire partir, mais sans aucun succès. Nous avons commencé par lui donner des bonbons, des guimauves. Mais il n'en voulait pas : il s'approcha, les renifla, les méprisa et s'immobilisa encore plus. Nous avons commencé à lui crier : « Débile, gros tas, va-t'en débile ! », sans succès ! Le monstre se rapprochait de plus en plus. J'étais terrorisée, je crois que c'étaient ses yeux verts qui me faisaient si peur. Et plus on criait, plus il nous transperçait du regard ; plus on lui jetait nos bonbons, plus il s'approchait de nous et plus il s'approchait, plus j'étais terrorisée ! Et, quand je n'en pouvais plus d'être terrorisée, j'ai commencé à pleurer avec des gros sanglots, et Émilie a commencé à pleurer aussi, parce qu'elle non plus ne savait plus quoi faire, donc nous voilà, nous les deux amies qui, au lieu d'être deux princesses qui se battent, ficellent et coupent en petits morceaux des méchants (*reprise du vocabulaire de jeu d'Aliénor pour donner un caractère plus authentique et actuel au récit, afin qu'il fasse bien image pour elle*) étions transformées en deux pleureuses paniquées par un chat gros et débile ! Et en plus, Va-t'en débile croyait que nos pleurs étaient un jeu et il est resté planté là pour voir la suite !

Aliénor s'amuse et pouffe : « Va-t'en débile ! hi ! hi ! hi ! Et qu'est-ce que tu as fait ? »

– Ben, au bout de quelque temps, qui nous a semblé une éternité, Va-t'en débile a fini par partir, mais moi je suis rentrée chez moi avec une telle peur que je voulais jeter toutes mes peluches chats à la poubelle. Heureusement que grand-mère était là pour me consoler. Comme moi je fais avec toi maintenant, elle m'a raconté la plus grosse peur de sa vie et m'a expliqué que lorsqu'on a peur... on se débrouille toujours pour la chasser ou l'affronter ! (*Rappel tendre du rôle des mamans et de leur capacité à venir en aide dans les moments difficiles. Rappel transgénérationnel des liens forts qui unissent les membres d'une même famille. Rappel personnel et réaliste sur l'humanité et la fragilité des adultes.*)

Par la suite, maman raconta d'autres détails, insista sur sa propre peur des chats et des astuces mises en place pour y remédier et, comme d'habitude, la discussion se termina par des bisous, la dégustation du pain au chocolat et l'accord exceptionnel du privilège télé.

Quelques jours après cet épisode, Aliénor croisa sa maman dans la maison et, en sautillant autour d'elle, elle se mit à miauler malicieusement : « miaou, maman, chat, maman, miaou maman, chat, chat, chat » (*signe que leur conversation lui a fait de l'effet*). Dans la maison, personne d'autre ne sut comment décoder ce comportement, mais tout le monde comprit qu'Aliénor et sa maman partageaient un secret qui leur était très cher !

Retenons de ce récit la conclusion qui s'impose : l'exposé de nos expériences enfantines est le meilleur remède contre le chagrin ! Pourquoi ? Pourquoi est-ce que ce remède peut-il soigner si bien ?

Parce qu'en racontant à nos petits nos souvenirs passés et nos secrets d'enfants, nous nous mettons à leur niveau. Nous nous transformons, pour quelques minutes, en enfants du même âge qui essaient de consoler leurs camarades. Et cela leur fait beaucoup de bien. Ils ne se sentent pas seuls, différents ou minables. Au contraire, ils se sentent soutenus et protégés.

Puis, redevenus adultes, en parlant de nos chagrins ou de nos peines d'enfants au même âge nous adressons à nos petits un signal très fort. Nous leur disons implicitement que nous les aimons tels qu'ils sont et, surtout, qu'ils ne nous déçoivent pas puisque nous comprenons ce qu'ils vivent pour l'avoir vécu aussi. Et rien n'est plus structurant pour un enfant que de se sentir accepté tel qu'il se perçoit par ses parents chéris !

Avouer nos propres peurs enfantines est un échange d'expériences humaines qui cimente la confiance. Le message en est tendre et positif : si d'autres peurs surviennent, n'hésitez jamais à nous les faire partager. On vous comprend car nous aussi, les grands, avons, dans notre mémoire, bien d'autres histoires semblables à vous raconter !

Enfin, toute discussion de ce type est porteuse d'enseignement pour tout le monde.

Nos enfants apprennent à reconnaître et assimiler ce qu'ils vivent, tout en jetant un regard amusé sur les travers des enfants que nous avons été. Ils se sentent proches de nous et éprouvent davantage de considération, puisque nous avons eu le courage d'admettre nos faiblesses !

Au contact de leurs chagrins, nous replongeons dans nos souvenirs qui résonnent en nous et nous transforment pour quelques minutes en de petits enfants, vivant avec intensité ce qu'ils ne peuvent encore saisir ou contrôler. Jetant un regard amusé sur la répétition invariable des situations, nous nous sentons plus proches de nos enfants car, par notre expérience, nous sommes sûrs de bien les comprendre et par la connaissance que nous avons d'eux, nous savons comment les aider au mieux.

Raconter ces anecdotes dont nous sommes les héros œuvre pour la connaissance de soi et l'autonomie de nos enfants. Elles leur proposent des stratégies de réaction fiables puisqu'elles sont validées par des personnes très investies (nous les parents). En s'appropriant ces modèles, ils réalisent par imitation une forme d'apprentissage qui leur permet d'augmenter leur capital de ressources et de se sentir mieux armés face aux exigences de l'avenir.

N'hésitons donc pas à nous révéler à eux dans nos luttes secrètes ou nos chagrins d'enfants. Ils vont y prendre appui pour réfléchir et pour grandir… un peu.

On retiendra que si tout ce qui concerne les parents ne doit certainement pas être dit, il faut absolument dire tout ce qui sert nos intérêts éducatifs, parce que ce sont des choses adaptées à leur compréhension et à leur âge, rassurantes et formatrices, porteuses de messages forts et de sentiments vrais.

Parler de certains de nos secrets à nos enfants n'est pas toujours facile. Mais c'est indispensable. Tout comme en taire d'autres à jamais l'est tout autant.

La difficulté d'en parler est moindre lorsque nous sommes préparés, même si cette préparation demande du temps, pour nous poser, nous retrouver et adopter les mots justes pour le faire. Pour évacuer la culpabilité qui pointe ou le malaise qui prévoit de nous envahir. Pour chasser ces attitudes inopportunes qui nous poussent à nous justifier inutilement.

Au-delà de la préparation, raconter nos secrets à nos enfants implique aussi du temps. Pour créer une atmosphère propice au partage des confidences, pour raconter nos histoires autant de fois qu'ils ont besoin de les entendre, pour demeurer auprès d'eux jusqu'à ce que, sécurisés, ils se sentent prêts à nous quitter.

La réussite de ces moments dépend véritablement du temps réel que nous y mettons. Car rien ne résiste au temps, ni les bouderies, ni la peur, aucun sentiment méchant, ni aucune attitude hostile. Tout se remet en place lorsque, avec patience et persévérance, nous donnons du temps au temps.

Parler de nos secrets difficiles à nos enfants est possible. Vidons notre esprit de nos pensées parasites et prenons le temps de le faire jusqu'au bout. Car des histoires commencées, mais non finies, allusives ou brouillées n'apaisent guère, elles ne font qu'augmenter l'inquiétude, le soupçon et le doute.

Parfois, ils nous surprennent et nous inquiètent avec leurs questions directes et l'urgence de leurs attentes. Dans ce cas, on se calme d'abord, on parle ensuite. Car notre préparation consiste aussi en cela : remettre à plus tard un dialogue redouté pour qu'au moment voulu, porteur de messages constructifs, il ait lieu dans un climat de tendresse sincère. Les enfants savent attendre s'ils sont sûrs que nous tiendrons nos promesses et s'ils sont convaincus de l'attention que nous accordons à leurs préoccupations ! Et rappelons-nous toujours que lorsque nous partageons certains de nos mystères avec nos enfants, nous créons ensemble des secrets qui font du bien !

Conclusion

Secrets, petits mensonges sur soi, ses amitiés, ses amours et tout ce qui va avec sont inévitables parce qu'ils sont le signe de la progression de l'enfant dans la perception de soi, de l'autre et des relations qui les unissent. Ils rendent compte de l'apparition de priorités et d'intérêts spécifiques et différenciés. Ils invitent ainsi petits et grands à des positionnements sans cesse renouvelés. Souhaiter tout savoir de son enfant est une manière de le vouloir aussi peu autonome qu'un nourrisson. De même qu'attendre de l'autre qu'il devine vos désirs ou vos besoins revient à espérer qu'il se comporte comme une mère pour son bébé.

Secrets, silences et petits mensonges sont le signe chez l'enfant de son individuation en tant que personne, de sa liberté de pensée et de la conscience de son droit à l'intimité. Il en use pour se rassurer sur le fait qu'il n'est pas transparent en modifiant son attitude vis-à-vis de ses parents et en adoptant d'autres modes de communication. Signes du remaniement de sa vision de soi et du monde accompagnant sa maturation psychique, ils participent à la construction de son identité.

Pour les parents, c'est l'annonce de la naissance de sa subjectivité, de son besoin de liberté dans la pensée et dans l'action. Cela les amène à le reconnaître dans sa singularité, à évoluer dans la perception de leur enfant et dans leur comportement vis-à-vis de lui en ajustant les modes de communication. Un aspect positif de ces petits mensonges est qu'ils informent les parents sur les moments propices aux transformations des postures relationnelles.

Pour l'ensemble de la famille, secrets, silences et petits mensonges apportent la preuve que l'enfant ne grandit pas seulement en fonction de l'éducation que lui donnent ses parents, mais aussi par ses expériences et par les enseignements qu'il s'approprie. Aux moments clés de la communication familiale, secrets et petits mensonges permettent, souvent, d'éviter des malentendus, et ces silences sont parfois même bienvenus pour la tranquillité et le bien-être psychologique de tous.

Tous les enfants, quel que soit leur caractère ou leur rythme de développement, se construisent harmonieusement en découvrant le bon usage du secret, du mensonge et des liens d'amitié. Et toute la vie, secrets, petits mensonges sur soi, ses amitiés ou ses amours font partie intégrante des modes de communication familiale. Les exemples que nous avons vus ont montré combien il est difficile, si ce n'est impossible, de les anticiper car les enfants s'en servent pour réaliser pleinement leur travail d'enfant.

Aux parents de s'appuyer sur ces marqueurs du développement et sur leur signification psychologique pour en faire bon usage dans la vie de tous jours, pour renouveler les modes de communication. Cela repose sur quelques « vérités » communes et universelles. La communication familiale est un système à géométrie variable où le secret n'a pas le même impact selon le moment où il intervient. Elle a ses propres règles qui s'édictent en fonction des personnalités en présence et des questions qui y sont abordées. Avec le développement de l'enfant et l'évolution des parents, rien n'est jamais acquis. Le défi d'une communication réussie, c'est d'entraîner ses protagonistes dans un mouvement perpétuel d'éternel recommencement.

On communique bien dans une famille lorsque les communicants parlent de ce qui doit être dit et taisent ce qui doit rester secret. Tout ne doit pas être dit, puisque toute vérité n'est pas bonne à dire.

En revanche, lorsque des sujets sérieux sont abordés avec des enfants, ce qui est dit doit l'être avec l'objectif de faire passer un message éducatif visant à modeler un comportement, une piste de réflexion menant à la connaissance de soi, un propos utile jouant sur leur réassurance, une parole de vérité promouvant la confiance.

Dans la communication parents-enfants, comme dans toute relation humaine d'ailleurs, dans le secret et dans le dévoilement, tout est, aussi, une question de dose. Ni trop d'informations, ni trop peu pour cheminer vers le cœur des enfants et vers leur intelligence. Pour cela, les parents ont de précieuses ressources : une intuition ancrée dans la connaissance de leurs enfants, une spontanéité qui guide leurs actions ; une petite « voix intérieure » qui dicte leur bon sens, de la patience qui découle de leur réflexion ; et la capacité de prendre du recul avant d'intervenir. Les enfants aiment voir leurs parents assumer leur rôle. Des parents qui ont confiance en leurs capacités et en leurs décisions, en leur pouvoir créatif d'agir ou de se corriger inspirent à l'enfant la confiance en eux.

Bibliographie

Allam M., *Journaux intimes : une sociologie de l'écriture personnelle*, L'Harmattan, 1996.

Buzyn E., *Papa, maman, laissez-moi le temps de rêver*, Albin Michel, 1995.

Dunn J., *Children's Friendships*, Blackwell Publishing, 2006.

Duverger P. et Lauru D., « Le secret », *Enfances et psy*, 2, 39, p. 10-13, 2008.

Eiguer A., *L'Inconscient de la maison*, Dunod, 2004.

Ekman P., *Why Kids Lie ?*, Penguin Books, 1989.

Faber A. & M., *How to Talk So Kids Will Listen & Listen So Kids Will Talk*, Avron Books, 1999.

Ginott H., *Between Parent and Child*, Three Rivers Press, 2003.

Glevared H., « Les trois âges de la culture de la chambre », *Ethnologie française*, 1, vol. 40, 19-30, 2010.

Kelly A. & McKillop K., « Consequences of Revealing Personal Secrets », *Psychological Bulletin*, 120, 3, 450-465, 1996.

Lane J. & Wegner D., « The cognitive consequences of secrecy », *Journal of Personality and Social Psychology*, 69, 2, 237-253, 1995.

Maurey G., « Le secret », *Études psychothérapiques, Imaginaire et inconscient*, Bayard Éditions, 1993.

De La Taille Y., « La genèse de la conception du droit au secret chez l'enfant », *Enfance*, 4, 443-450, 1995.

Taylor M., Cartwright B. & Carlson S., « A Developmental Investigation of Children's Imaginary Companions », *Developmental Psychology*, 29, 2, 276-285, 1993.

Tisseron S., *Secrets de famille-mode d'emploi*, Ramsay, 1996.

Wegner D., Lane J. & Dimitri S., « The allure of secret relationships », *Journal of Personality and Social Psychology*, vol. 66, 2, 287-300, 1994.

Table

DU MÊME AUTEUR

La mort pour de vrai et la mort pour de faux

Ça va pas fort à la maison. L'enfant et les soucis des grands

DANS LA MÊME COLLECTION

Cet enfant qui n'écoute jamais
Jean-Luc AUBERT

Les sept piliers de l'éducation – Quels repères donner à nos enfants ?
Jean-Luc AUBERT

Mes parents se séparent – Comprendre ce que ressent l'enfant
Maurice BERGER et Isabelle GRAVILLON

Petits tracas et gros soucis de 1 à 7 ans – Quoi dire, quoi faire
Christine BRUNET et Anne-Cécile SARFATI

Petits tracas et gros soucis de 8 à 12 ans – Quoi dire, quoi faire
Christine BRUNET et Anne-Cécile SARFATI

Dis bonjour à la dame !
Christine BRUNET et Aurore AIMELET

Une famille, ça s'invente – Les atouts des parents, les atouts des enfants
Hélène BRUNSCHWIG

Me débrouiller, oui, mais pas tout seul ! – Du bon usage de l'autonomie
Etty BUZYN

Papa, Maman, laissez-moi le temps de rêver !
Etty BUZYN

Je t'aime, donc je ne céderai pas !
Etty BUZYN et Isabelle BAUER

La mort pour de faux et la mort pour de vrai
Dana CASTRO

Ça va pas fort à la maison – L'enfant et les soucis des grands
Dana CASTRO

Petit manuel à l'usage des grands-parents qui prennent leur rôle à cœur
Étienne CHOPPY et Hélène LOTTHÉ-COVO

Séparons-nous… mais protégeons les enfants !
Stéphane CLERGET

Vos enfants ne sont pas des grandes personnes
Béatrice COPPER-ROYER

Peur du loup, peur de tout – Peurs, angoisses, phobies de l'enfant et de l'adolescent
Béatrice COPPER-ROYER

Premiers émois, premières amours – Quelle place pour les parents ?
Béatrice COPPER-ROYER

Doué, surdoué, précoce – L'enfant prometteur et l'école
Sophie CÔTE

L'épanouissement de l'enfant doué
Sophie CÔTE et Dr Ladislas KISS

Parents, osez dire non !
Dr Patrick DELAROCHE

Oser être mère au foyer,
Marie-Pascale DELPLANCQ-NOBÉCOURT

Amour, enfant, boulot... comment sortir la tête de l'eau
Anne GATECEL et Carole RENUCCI

Les mères qui travaillent sont-elles coupables ?
Sylviane GIAMPINO

Nos garçons – Mieux les comprendre pour mieux les élever
Michael GURIAN

Pères solos, pères singuliers ?
Patrice HUERRE et Christilla PELLÉ-DOUËL

Pour que mon enfant réussisse – Le soutenir et l'accompagner
Monique de KERMADEC

Tracas d'ados, soucis de parents
Pr Daniel MARCELLI et Guillemette de LA BORIE

Mon enfant me dévore
Lyliane NEMET-PIER

Papa, Maman, j'y arriverai jamais ! – Comment l'estime de soi vient à l'enfant
Emmanuelle RIGON

Turbulent, agité, hyperactif – Vivre avec un enfant tornade
Emmanuelle RIGON

Aux risques de l'adolescence
Gérard SÉVÉRIN

Qui a peur des jeux vidéo ?
Serge TISSERON

Crèches, nounous et Cie – Modes de garde, mode d'emploi
Anne WAGNER et Jacqueline TARKIEL

Hors collection

Petites histoires pour devenir grand – À lire le soir pour aborder avec l'enfant ses peurs, ses tracas, ses questions
Sophie CARQUAIN

Petites histoires pour devenir grand 2 – Des contes pour leur apprendre à bien s'occuper d'eux
Sophie CARQUAIN

Petites leçons de vie – Pour l'aider à s'affirmer
Sophie CARQUAIN

Composition : IGS-CP
Impression : Imprimerie Floch, mars 2012
Éditions Albin Michel
22, rue Huyghens, 75014 Paris
www.albin-michel.fr
ISBN : 978-2-226-23092-8
ISSN : 1275-4390
N° d'édition : 17595/01 – N° d'impression : 81881
Dépôt légal : avril 2012
Imprimé en France